LA VIDA QUE NACISTE PARA VIVIR

Juan Manuel Soto

ulga3000

What is, will always be more

Título Original:

LA VIDA QUE NACISTE PARA VIVIR

Editado por: Tulga3000 Editores, S.L. – www.tulga3000.com

Cubierta: Dibujo de Inés Gálvez
Diseño y Cubierta: Antonio Gálvez

ISBN-13: 978-1514317440

Otros títulos editados por Tulga3000 Editores[1]:

COLECCIÓN LA CIENCIA:
"El MAT: Ciencia del Dirigente del Siglo XXI"
"El esplendor de lo humano"
"El Dirigente Civilizador"
"El Estratega Pacificador"
"Metametodología MAT de la Innovación y de la Creación"
"Librarse de las enfermedades y de paso, aterrizar en la sensatez"

COLECCIÓN EMOCIONAL:
"El Universo de la Seguridad: Haciendo Retroceder el Temor"
"El Universo del Desarrollo: Eliminando el Dolor"
"El Universo de la Justicia: Erradicando la Ira"
"El Universo del Estatus: Conquistando el Orgullo"
"El Universo de la Pertenencia: Guardando el Amor"
"El Universo de la Plenitud: Instalándose en la Alegría"
"Sociópatas de cercanías"

CUENTOS:
"La niña que hacía reír a Dios"
"Cuentos de la abuela"

1: Algunos títulos se encuentran en proceso de edición en el momento de publicar el presente libro. Estarán todos disponibles a lo largo del año 2015.

COLECCIÓN DIÁLOGOS:

"Sí me indigno, ¿Y ahora qué?"

"Un cielo de andar por casa, en cada fase de nuestra vida. Parte primera".

Ambos escritos junto con Antonio Gálvez.

Los quince de Preciada Azancot.

Obras de Preciada Azancot en francés:

"La petite fille qui faisait rire Dieu"

"Le point zéro: MAT, Métamodèlle d'Analyse Transformationnelle"

Obras de Preciada Azancot en inglés:

"The Little girl who made God laugh"

"The Universe of Safety: Making Fear Retreat"

"The Splendour of the Human Being"

"Yes, I'm outraged. Now what?"

Todos estos títulos puede adquirirlos en Amazon y directamente en nuestra Web – www.tulga3000.com – tanto en formato papel como en formato e-book.

AGRADECIMIENTOS

Hay muchas personas a las que debo agradecer su colaboración en este libro, pues creo que mi mayor acierto ha sido precisamente pedir ayuda a mucha gente, ayuda que todos me han dado de forma entusiasta, mostrando así su gran generosidad.

En primer lugar, gracias miles a Preciada Azancot, es más que obvio que sin ella el libro nunca habría existido, lo primero porque ella ha creado el MAT (Metamodelo de Análisis Transformacional), que es de lo que aquí se habla, pero no sólo. Preciada me ha asistido en todo el proceso, apoyándome en los momentos difíciles que he tenido. También muchas gracias a Leopoldo Azancot, quien llevó a cabo la revisión completa del texto e hizo numerosas aportaciones. Y a mi querido socio Antonio Gálvez, que estuvo pendiente todo el tiempo y me dio tantas ideas. Gracias también a mis otros compañeros del grupo Docente del MAT: María Jesús Pérez, Jesús Alonso Carballo, Guillermo Sebastián, Maite Díaz y Muriel Belda, todos tan especiales para mí. A la gente cercana que me ha ayudado especialmente: Flor Expósito, Rafael Moreno y Alejandro Lavilla. A todos los que, además de muchos de los ya citados, participaron en las comidas que llevé a cabo para recoger material y lo revisaron posteriormente: Lara Hernández, Enrique Mora, Manuel López, Santos Hernández, Carmen Domínguez, Pilar Solana, Jean Belda, Luis Morales y Carlos Pastrana. A mis hermanos Javier y César, y a algunos amigos de toda la vida que me ayudaron con sus comentarios, como Octavio González —mi amigo desde la niñez—, José Miguel Herrera o Ana Sedano. Mi reconocimiento de corazón para todos vosotros.

Y mil gracias a Inés Gálvez por el maravilloso dibujo que sirve de portada a este libro, y a su padre Antonio por el diseño.

ÍNDICE

INTRODUCCIÓN..11

¿QUÉ ES EL MAT?..17

LAS EMOCIONES...25

    ¿QUÉ SON LAS EMOCIONES?.......................................25

LAS SEIS DIMENSIONES DEL SER HUMANO...................35

    ¿PARA QUÉ TENEMOS LAS EMOCIONES?.............35

ESTUDIO DE LAS EMOCIONES...41

    EL MIEDO...41

    LA TRISTEZA...46

    LA RABIA...52

    EL ORGULLO...57

    EL AMOR...63

    LA ALEGRÍA..70

SECUENCIA MAT DE LAS EMOCIONES............................75

TEST DE LAS EMOCIONES...79

    ANÁLISIS DE LAS RESPUESTAS AL TEST...............85

ESTRUCTURA INNATA DEL SER HUMANO.....................99

    EL RECTOR...106

    EL PROTECTOR..110

    EL VITALIZADOR...114

    EL TRANSFORMADOR...117

    EL ORIENTADOR...121

    EL SINTETIZADOR..124

LAS TIPOLOGÍAS DE PERSONALIDAD.............................129

¿QUÉ SON LAS TIPOLOGÍAS?.....................129

CARACTERÍSTICAS DE LAS TIPOLOGÍAS.............138

ESTUDIO DE LAS TIPOLOGÍAS.........................141

EL FORTIFICADOR...................................143

EL CONSTRUCTOR 160

EL REVELADOR 176

EL LEGISLADOR 193

EL REACTIVADOR 209

EL PROMOTOR..224

PASOS HACIA LA CONEXIÓN.........................238

CONSEJOS PARA EL FORTIFICADOR 241

CONSEJOS PARA EL CONSTRUCTOR 244

CONSEJOS PARA EL REVELADOR 248

CONSEJOS PARA EL LEGISLADOR 251

CONSEJOS PARA EL REACTIVADOR 255

CONSEJOS PARA EL PROMOTOR..........................257

CONCLUSIÓN...260

INTRODUCCIÓN

Conocí a Preciada Azancot en la primavera de 1997. Desde el primer momento percibí que estaba ante un genio, una persona cuya mera existencia me pareció un milagro y cuyo encuentro me ha llevado a cambiar mi vida en tantos aspectos. Me dejaron impresionado muchas cosas de ella, pero, por encima de todo, su clarividencia; jamás antes había imaginado que aquel grado de certeza fuera posible. Ahora puedo decir que no capté sino una pequeñísima porción de lo que Preciada es y tiene, tiene para ella y tiene para decir al mundo, pues sus descubrimientos son de una importancia sin precedentes para la Humanidad. En este libro voy a tratar de exponer, de la forma más sencilla que pueda, los primeros pasos dentro del MAT —la ciencia que ella ha creado y desarrollado, y aún desarrolla día a día—; sin embargo, este libro es ante todo mi muestra de admiración y amor por Preciada, y espero que cada una de sus páginas expresen estos sentimientos.

Recuerdo la primera vez que tuve noticia del MAT, fue por un compañero de trabajo que se había formado con Preciada años antes, y que decidió hablarme de ello. Un gran favor, pues entonces —y hasta ahora— su transmisión ha sido boca a boca, el que lo conoce se lo ofrece a quienes considera que lo van a valorar en

11

toda su medida, lo cual supone una clara muestra de confianza. Era un viernes soleado por la mañana, cerca del mediodía, estábamos en una pequeña mesa redonda que tenía en mi despacho. Mi compañero me conocía poco, apenas llevaba un mes en la empresa y yo había faltado bastante debido a viajes de trabajo, y sin embargo me dijo cosas de mí mismo que, en 15 minutos, me llevaron a conocerme mejor que en toda mi vida. ¿Cómo puedes saber todo esto de mí?, le pregunté. Entonces me habló del MAT, y recuerdo perfectamente lo que le dije: "si esto existe, yo lo quiero". Unos meses después se inició un grupo de seminarios al que me apunté, y ese fue mi primer contacto formal con el MAT. En esos seminarios, fascinantes de todo punto por lo novedoso, certero y trascendental del contenido, aprendí a conocerme, a conocer a los demás, a dedicar mi tiempo —mi vida— a lo que me interesa, a dotarme de valores, a ser más creativo, a saber lo que hay que amar y a mucho más; en definitiva, a tomar las riendas de mi existencia y ser capaz de liderarla. Asistía al curso cada semana con entusiasmo, pues de cada clase salía mejor de lo que había entrado y la sensación de crecer me espoleaba.

Cuando estos seminarios estaban concluyendo, comenzó a fraguarse la idea de que Preciada nos ayudara como consultora a mejorar la empresa en la que trabajaba —se trataba de una empresa informática encuadrada en una de las mayores corporaciones españolas, de la que yo era Director General—. Preciada es consultora especializada en Procesos de Cambio desde hace más de 30 años, y ha ayudado a numerosas empresas españolas y extranjeras a acrecentar espectacularmente sus resultados. Estuvo con nosotros casi dos años. Durante ese tiempo tuve el privilegio, nunca bien aprovechado, de contar con su compañía casi a diario, y de fraguar una amistad que cada día va a más, que representa para mí un honor y que me proporciona incontables alegrías. También durante esos dos años vi la empresa mejorar día a día, y comprobé —y participé en ello entusiasta— cómo la aplicación de las leyes del MAT a organizaciones —en este caso una empresa— es igual de precisa y afortunada que con personas, y obtiene efectos igual de asombrosos.

Uno de estos efectos asombrosos, un cambio de primera magnitud para mí, fue que me viera capaz de ser empresario y que me decidiera, junto a mi socio y gran amigo Antonio Gálvez, a fundar mi propia empresa. Convertirme en socio de Antonio ha sido uno de los grandes aciertos de mi vida, y la empresa que creamos va ya por su quinto ejercicio de éxito, pese a la crisis que atraviesa el sector de la tecnología. Al mismo tiempo, he seguido involucrado de cerca en las actividades de Preciada, así como recibiendo formación más avanzada, que ella misma imparte junto a mi admirado Leopoldo Azancot, su marido. Finalizando la primavera del año pasado, Preciada decidió, con el objetivo de revelar el MAT, poner en marcha una empresa que ella preside y con la que he colaborado desde su inicio. La empresa se llama MAT21[1]; edita libros, organiza seminarios, ofrece consultoría a empresas y lleva a cabo otras múltiples actividades. Animo a todos los lectores a visitar su página en Internet (www.mat-cachet.com) donde encontrarán

---

[1] Nota del Editor: En 2004 se fundó MAT21. Hoy en día, la empresa que difunde y divulga el MAT es MAT-Cachet.

información completa y actualizada.

Preciada es una persona maravillosa, es una enorme fortuna que esté viva y accesible, aquí mismo en España. Conocerla personalmente es una experiencia inolvidable, poder conversar con ella un privilegio de Reyes. Para mí representa la medida de lo posible del ser humano, lo que una persona puede llegar a ser: quien no la conoce no se puede hacer ni idea. Es capaz de apreciar la esencia de cada persona al instante, buscando siempre lo mejor que tiene para hacerlo aflorar. Cuenta con una inteligencia prodigiosa, breves segundos de análisis son suficientes para dar una contestación asombrosa a cualquier pregunta. Otra faceta suya que sobresale es lo claro que es en todo momento el trato con ella: es espontánea, siempre veraz y absolutamente justa. Es una creadora genial, el MAT lo atestigua, así como sus obras excepcionales como escritora y pintora. Además, es una persona en extremo generosa, posee una inmensa capacidad de entrega, de ponerse en el lugar de los demás para comprender lo que les pasa y darles lo más relevante para ellos en ese momento y situación, por eso estar con ella es siempre crecer. Y para mí, sobre todas las cosas, es la luz, la luz que trae la alegría de la certeza. Yo le estaré eternamente agradecido por todo lo que me ha dado y siempre comprometido, con ella y con la difusión e integridad de su obra.

El MAT ha supuesto y supone mucho para mí, en todos los aspectos. Doy testimonio sin dudar de que ha cambiado mi vida, la que llevaba y la que estaba destinado a llevar —y es seguro que la hubiera llevado— de no haberlo encontrado. Digo esto porque ahora lo veo clarísimo. Me permitió, entre otras muchas cosas, entender mi vida, lo que había sido y lo que era, lo que me había pasado y lo que me iba a pasar, lo que yo hacía o consentía para que todo fuera como era. A partir de ahí comprendí que no era esa la vida que había nacido para vivir, decidí que eso no era lo que quería y lo pude cambiar.

Lo primero que encontré con el MAT fue seguridad, muy importante para mí. Después la oportunidad de recuperar mis mejores capacidades, que tenía mayormente en desuso: mi talento y mi vocación verdaderas. Descubrí cuáles eran y cómo alcanzarlas —pues el MAT muestra que todos tenemos alguna genialidad, y te dice cuál es la tuya—. Así, de forma paulatina, todo fue mejorando: mi sensación personal conmigo mismo, mi salud, mi relación con los demás, mi capacidad de crear e innovar, mi visión de futuro. Muchas limitaciones, miedos y vergüenzas quedaron atrás, la eficacia en el uso del tiempo y en conseguir lo que quería con menor esfuerzo mejoró en gran medida; distinguir sin ambages entre el bien y el mal fue posible; saber cómo son los demás me permitió comprenderlos mejor, comunicar con ellos de verdad, ayudarlos y amarlos. Y sigo creciendo, no hay fin, pues las posibilidades del ser humano son infinitas.

Quiero resaltar la importancia del MAT, que es enorme. En primer lugar como herramienta de conocimiento y crecimiento personal, pero no sólo. El MAT representa un salto cuántico en el conocimiento del ser humano, al descubrir y desvelar las leyes científicas que lo rigen, lo que tiene consecuencias de extraordinario alcance, tanto en el orden individual como colectivo.

Por esto, es a mi juicio perentorio que el mayor número de personas acceda a su conocimiento y uso, y en esta convicción se basa mi compromiso con su divulgación, del que este libro es el primer paso. Ha sido un honor para mí escribirlo y estoy lleno de satisfacción al poder dárselo a los demás. Con él espero aportar mi granito de arena para que esta ciencia, llamada a cambiar el mundo, ocupe el sitio que le corresponde, y animo a todos a profundizar en su conocimiento.

*Todo lo que el lector encontrará en el presente libro proviene de Preciada, concretamente de sus libros, que se pueden conseguir en la página Internet de MAT-Cachet antes citada. Especialmente su obra **El Esplendor de lo Humano**, un hito sin precedentes en el conocimiento del ser humano y su grandeza) y otros a punto de aparecer; son imprescindibles y a ellos aliento a acudir al lector que de verdad quiera acceder a un conocimiento profundo.*

Por último, quiero dedicar este libro a mi padre Ángel, fallecido hace tan sólo unos pocos meses. Sé que se habría sentido orgulloso al verlo, como yo estoy orgulloso de ser su hijo y le quiero, y aunque ya no esté entre nosotros para leerlo, lo he escrito para él, como homenaje y despedida.

Juan Manuel Soto
Madrid, mayo de 2004

¿QUÉ ES EL MAT?

Érase una vez una niña preciosa, recién nacida. Entre otras muchas cosas, sabía distinguir perfectamente, en cuanto veía a alguien, quién era bueno y quién malo. Resultó que vio a su abuelita y pensó: "Qué persona tan mala". Y en cuanto creció un poco y pudo, lo dijo: "La abuelita es mala". Entre bromas y no tan bromas, quienes ella más quería le dijeron que la abuelita era buena y le prohibieron volver a decir eso, y pensarlo. Así que nuestra niña no tuvo más remedio que aceptarlo, dejar de fiarse de su criterio y modificar éste para que la abuelita cayera del lado de los buenos. A partir de ahí la niña tenía un problema: no distinguía bien a los buenos de los malos. Solía elegir mal a sus amigos, luego a sus novios y, llegado el momento, eligió mal a su marido. Tuvo un hijo y un día, siendo aún muy pequeño, la dejó atónita al decirle: "Papá es malo". Rápida y contundentemente le convenció de lo contrario. Y así sigue la rueda, dando vueltas y vueltas sin parar.

Todos los estudiosos del ser humano están de acuerdo: cuando nacemos funcionamos perfectamente, es después cuando vienen los problemas. La influencia de las figuras parentales y del entorno impiden, por decirlo así, que el árbol crezca derecho y lozano, siendo en realidad en muchos casos que vamos a peor con el tiempo. El MAT nos puede ayudar mucho en este sentido, pues nos muestra con todo detalle cómo éramos y funcionábamos al nacer, permitiéndonos recuperar el tiempo perdido, recobrando aquél estado, y a partir de ahí crecer, de verdad y sin límite.

El MAT es una ciencia que explica cómo funcionamos los seres humanos en todas nuestras manifestaciones. Sus leyes y principios se aplican tanto a las personas individualmente como a las organizaciones que éstas crean y en las que participan (familias, empresas, etc.), respondiendo a las preguntas básicas de la vida: cómo estamos hechos, por qué y para qué somos como somos y hacemos lo que hacemos...

Una creación de Preciada Azancot, el MAT cuenta con más de 20 años de existencia y, si bien Preciada sigue desarrollándolo y haciendo nuevos descubrimientos continuamente, su base es totalmente sólida y ha sido puesta a prueba en cientos de miles de casos con un 100% de éxito. En este libro vamos a exponer sus leyes y principios más elementales; en los libros publicados por Preciada, en los que éste se basa, se puede encontrar material mucho más profundo y extenso.

Las leyes del MAT son universales —válidas para todos los seres humanos sin excepción—, concretas, precisas y transmisibles. Por primera vez, el comportamiento, las creaciones y las organizaciones humanas son descritas de forma científica. Por eso constituye un instrumento revolucionario que nos brinda, antes que nada, la posibilidad de conocernos a nosotros mismos y a las personas que nos rodean como nunca antes fue posible. Preciada es sencillamente genial haciendo diagnósticos que permiten conocer a las personas con profundidad y detalle, y ha desarrollado las herramientas precisas para que cualquiera de nosotros pueda hacerlo.

El auto-conocimiento nos va a permitir contestar muchas de esas preguntas que siempre nos hemos hecho sobre nosotros mismos, nuestro carácter y los acontecimientos que nos han ido sucediendo y que nos suceden en la vida, y que hasta ahora no habían tenido respuesta, y, lo más importante, nos va a posibilitar crecer como personas, al mostrarnos nuestra propia vía de mejora y de superación.

El conocimiento de los demás nos proporciona verdadera seguridad, ya que nos hace capaces de diagnosticar a cada cual en particular, única forma de poder decidir con fundamento con quién queremos estar, colaborar, cultivar una amistad, y con quién no. O quién es adecuado para desempeñar una tarea y no para otra. También aprendemos a comunicar mejor con las personas, una vez que somos capaces de dejar a un lado su máscara, con la que se enfrentan al mundo en una falsa búsqueda de seguridad, y le hablamos directamente al ser humano que llevan dentro.

De acuerdo con el MAT, todos tenemos un área de *competencia* (en la que hemos trabajado arduamente hasta llegar a un nivel más que notable), otra de *talento* (nuestro punto de genialidad, en el que tenemos especiales dotes naturales, en el que nos resulta fácil sobresalir) y otra de *vocación* (lo que nos llena de verdad). Es muy importante identificar estos puntos en uno mismo a la hora de decidir cómo orientar, o reorientar, nuestra actividad profesional, o nuestras aficiones, o simplemente para intentar ser más felices. Y de igual forma, conocer estas cualidades de quienes nos rodean nos permitirá entenderles mejor y ayudarles a avanzar en su crecimiento.

Como se suele decir, conocer es el primer paso para querer. Todos tenemos facetas admirables, todos somos valiosísimos, porque somos seres humanos y no existe nada más grande en toda la Creación. Aprender a valorar a las personas, empezando por nosotros mismos, constituye un paso decisivo en la búsqueda de nuestro papel en la vida y en nuestro afán de entablar y mantener relaciones sanas, fructíferas y gratificantes con los demás.

El MAT, como ciencia, parte de la revelación de la *ingeniería emocional y sensorial de la estructura innata del ser humano.*

En efecto, uno de los grandes descubrimientos de Preciada es la **estructura innata** del ser humano. Ella demuestra que los humanos somos seres de seis dimensiones, tenemos seis estructuras (en ello nos diferenciamos de los animales —que tienen cinco dimensiones—, de los vegetales —que tienen cuatro—, etc.), que rigen toda nuestra actividad, desde la corporalidad hasta la espiritualidad, pasando por la inteligencia, el ámbito de los afectos, o los valores que determinan nuestra ética. Cada estructura está especializada en una función, y lleva a cabo tareas relacionadas con ella; entre las seis ponen a nuestra disposición todas las capacidades y habilidades que podamos llegar a precisar algún día en nuestra vida.

Otro de sus grandes descubrimientos es el papel de las **emociones** como las distintas energías que dan vida a esta estructura, influyendo así en nuestro pensamiento y en nuestro comportamiento. Todos sabemos que, por ejemplo, cuando estamos tristes percibimos unas sensaciones determinadas, y pensamos y actuamos de una manera, mientras que cuando estamos alegres lo hacemos de otra muy distinta. El MAT enseña que las emociones del ser humano son también seis: *el miedo, la tristeza, la rabia, el orgullo, el amor y la alegría.* Especial interés merece la determinación de las causas o razones objetivas de cada emoción, es decir, ante qué estímulos o situaciones deberíamos sentirla. Esto, que a todos nos funciona perfectamente cuando nacemos, aunque a menudo se degrada a medida que crecemos, influido por nuestros padres, nuestros amigos, las convenciones sociales, etc., es fundamental para lograr un funcionamiento adecuado y eficaz como persona, para llegar a controlar la vida propia y hacer de ella algo grande. Porque todo ser humano cuenta dentro de sí con los mecanismos necesarios para hacer frente a cualquier situación que se le pueda presentar, por dura que ésta sea, y seguir avanzando, pero hay que utilizarlos adecuadamente.

Cada emoción es movilizada por uno de nuestros sentidos, que de acuerdo al MAT también son seis: *vista, oído, olfato, gusto, tacto y sexo.* De igual forma, cada emoción tiene un color asociado, como veremos más adelante.

Gran parte de nuestros problemas tienen su base en desconexiones de alguna emoción —nos negamos a sentir amor, o alegría u otra emoción— o en cambios recurrentes de emociones, es decir, surge en nosotros una emoción cuando debería surgir otra —por ejemplo, sentimos rabia cada vez que hay una causa de tristeza—. Todos presentamos disfunciones en este sentido, si bien el MAT demuestra que existen sólo seis **tipologías de personalidad** que engloban a todas las personas, y que cada tipología tiene una ecuación emocional perfectamente definida: una emoción *hinchada*, que es la que domina y la que se muestra preferentemente al exterior; una emoción *desconectada* y otra *prohibida*. Esto define sus características a todos los niveles: una personalidad concreta, unas aficiones y profesiones predilectas, gustos comunes a la hora de comer, de vestir, etc. Esto lo tenemos todos, añadido a las experiencias y condicionantes de cada uno. Hay seis tipologías, todos pertenecemos a una de ellas. *La tipología es una prisión* que encierra al ser único y perfecto que cada persona lleva dentro, es una cárcel porque nos quita libertad, nos obliga a meternos en uno de seis moldes prefijados, estandarizados, angostos. Crecer significa ir saliendo de la prisión, y el MAT nos presenta a cada uno el camino a seguir y los instrumentos para seguirlo. Pero esto lo veremos en detalle más adelante.

Un hallazgo revolucionario de Preciada es la constatación de que la tipología de una persona está presente en su físico, principalmente en su rostro, aunque también en su cuerpo, sus manos, su forma de andar, etc. Quiere esto decir que, una vez que tengamos práctica, podremos llegar a saber cómo es una persona sólo con verla. Esto es importante por todo lo que vimos antes: saber cómo es alguien nos ofrece la posibilidad de entenderle, valorarle y ayudarle como se merece.

Otro ámbito inmenso que se nos abre es el de la comunicación. Nos enseña a comunicar de forma mucho más rica y, sobre todo, exenta de malentendidos, torpezas y descalificaciones no intencionadas. La clave reside en saber que no a todas las personas hay que hablarles igual, cada tipología cuenta con unos canales preferenciales y otros que conviene evitar.

En resumen: el conocimiento que ofrece el MAT del ser humano y de las leyes que lo rigen es totalmente científico y, como tal, concreto, objetivo, comprobable, universal y transmisible. Como ciencia, es asombrosamente sintética y conceptual, y tiene la belleza de la verdad. Resiste perfectamente un acercamiento crítico y es intelectualmente muy gratificante, al permitir entender muchas cosas antes inexplicables, ya que hace posible el pensar de modo lógico en ámbitos como las emociones. Muestra el correcto funcionamiento de la persona de acuerdo con su orden natural, basado en la justicia auténtica, donde no hay ambigüedad posible entre lo que está bien y lo que está mal. Además, nos enseña a tratarnos y a tratar a los demás como personas íntegras, y a evitar la manipulación. El MAT es muy reconfortante, da tranquilidad, paz, serenidad. Al conocer mucho mejor a los demás, facilita el amarlos. También nos ayuda a ser *eficaces* en la vida, a hacer que las situaciones deseadas fluyan: con menos tiempo y esfuerzo logramos mucho más.

Es preciso resaltar que el contenido del presente libro abarca tan sólo las nociones más elementales de esta ciencia, que es muchísimo más amplia. Para hacernos una idea, baste decir que lo aquí tratado cubre parte del primer seminario del Curso Avanzado, de un total de 14 seminarios. En la página Internet de MAT-Cachet (www.mat-cachet.com) se presenta toda la ʹos seminarios en los que se enseña el MAT y como con él logran transformarse las personas.

LAS EMOCIONES

¿QUÉ SON LAS EMOCIONES?

Comúnmente se acepta que cuando sentimos una emoción, en cierta forma no somos nosotros, estamos desestabilizados y con nuestras facultades intelectuales afectadas. Por ejemplo, el Diccionario del Español Actual de Manuel Seco, Olimpia Andrés y Gabino Ramos (que usaremos a lo largo de este libro) define EMOCIÓN como: "Estado afectivo de intensa alteración, especialmente de alegría, pesar o ansiedad". Según esto, las emociones serían nocivas, y tendríamos que evitarlas para estar centrados.

Sin embargo, el MAT enseña que, mientras permanecemos vivos, estamos sintiendo alguna emoción en todo momento. Las emociones surgen en nosotros espontáneamente como respuesta a las situaciones que nos toca vivir y, al mismo tiempo, constituyen la energía de que disponemos para movernos, para pensar, para sentir, para todo. No tenemos otra. Ante cualquier estímulo, externo o interno, respondemos con una emoción. Los estímulos internos son nuestros pensamientos, pues cuando pensamos o recordamos algo que nos pasó, la emoción surge como si lo estuviéramos viviendo en el presente. No tiene por qué ser una emoción intensa, pasional; esto dependerá de la ocasión. Pero sea de forma fuerte o débil, siempre actúa alguna emoción. Lo importante es entonces determinar si esa emoción es auténtica o no, porque si sentimos una emoción falsa nos hallamos fuera de la realidad y, por lo tanto, nos estamos perdiendo la vida.

Vamos a llamar *emoción auténtica* a la que responde al estímulo del momento en calidad, intensidad y duración. En **calidad** quiere decir que se trata de la emoción objetivamente motivada por dicho estímulo (ante una pérdida hemos de sentir tristeza, y no, por ejemplo, rabia o miedo; ante una injusticia hemos de sentir rabia, y no otra). En **intensidad** significa que el grado de la emoción es proporcional al del estímulo (no sentiremos la misma tristeza ante la muerte de un ser cercano y querido que, por ejemplo, ante la imposibilidad de hacer una excursión debido a que amaneció lloviendo). Y en **duración**, lo que quiere decir que la permanencia de la emoción se adecua a la importancia de la situación que la provocó (ante una pequeña ofensa de un vecino no le vamos a negar el saludo de por vida).

Una *emoción falsa* es la que incumple alguno de estos preceptos. En especial —y esto constituye una aportación básica del MAT—, una emoción es falsa si no existe un motivo auténtico y objetivo para ella. No depende de la *pureza* con que la sintamos, ni de nuestra intención: si no se da una causa objetiva para esa emoción, es falsa. Por ejemplo, alguien nos engaña diciéndonos que nos quiere. Es una mentira, causa objetiva de rabia. Si, en ese momento, nosotros sentimos amor por esa persona, ese amor es falso. No importa lo hondo que lo sintamos ni lo reconfortante que nos resulte, es falso y tendrá penosas consecuencias para nosotros.

Una emoción falsa puede surgir en nosotros de forma puntual o como una disfunción estructural, es decir, como norma. Así, llamaremos *emoción hinchada* a la que actúa siempre que hay un estímulo objetivo para ella y otras veces que no lo hay. Por ejemplo, alguien con miedo hinchado sentirá miedo ante todas las causas objetivas de éste —peligros— y también ante situaciones que no implican peligro alguno. Por otro lado, *emoción desconectada* es la que, ante una causa auténtica, no brota; por ejemplo, una persona con el miedo desconectado no sentirá miedo ante los peligros, sino otra emoción que lo suplanta.

Los seres humanos tenemos seis emociones: **miedo, tristeza, rabia, orgullo, amor y alegría.** No existe ninguna más. En ocasiones se citan diversos sinónimos o gradaciones de éstas como si fueran emociones distintas, por ejemplo indignación, ira, cólera, odio, asco, etc., que en realidad son distintas manifestaciones de la rabia. Otras veces son emociones falsas, surgidas fuera de lugar, lo que se toma por una nueva, por ejemplo la *envidia*, que no es sino rabia en vez de orgullo (es decir, en vez de admirar a quien ha conseguido algo bueno —un ascenso, una bonita casa— nos da rabia, nos molesta, como si nos lo hubiera quitado a nosotros).

Las emociones son *energías especializadas,* con las que venimos al mundo y que nos permiten hacer frente a cualquier situación. Como luego veremos, poseemos la capacidad de detectar peligros, de discernir a quién acercarnos o a quién evitar, de disfrutar de lo sano, de lo vivo, etc. A ningún bebé hay que enseñarle a quién querer o cuándo llorar.

Desde este punto de vista, no existen emociones buenas y malas, todas son necesarias e imprescindibles, si son auténticas, para responder adecuadamente a las situaciones que la vida nos plantea. A menudo oímos, por ejemplo, que no hay que tener miedo de nada, o que la rabia no trae más que problemas, pero no es así. Quien decida no tener miedo se expondrá a peligros de todo tipo sin ni siquiera darse cuenta, y se rodeará de los peores como amigos, lo que le hará tremendamente infeliz. O quien opte por anular su rabia, no podrá detectar la mentira ni la manipulación, y será pasto de los desalmados, que se aprovecharán de él. Así pues, todas las emociones son esenciales, siempre que sean auténticas. Sí que podemos decir, desde luego, que no hay que tener nunca falso miedo o que la falsa rabia no da más que problemas, pero no menos pernicioso es el amor falso o la alegría falsa. Porque una de las características de la emoción falsa es que nos hace perder el control sobre nosotros mismos.

Una forma de discernir una emoción auténtica de una falsa, que cita a menudo Preciada y que funciona muy bien cuando alguien nos transmite una vivencia, es comprobar si sentimos empatía. Por ejemplo, alguien nos cuenta cómo quiere a sus hijos, nos relata algunos episodios ilustrativos, etc. Si sentimos empatía con la persona, cariño hacia sus hijos, ganas de conocerlos, con toda probabilidad ese amor es auténtico. Pero si dice querer mucho a sus hijos y luego nos cuenta que ellos no le hacen caso, que no lo llaman nunca aunque él no deja de hacerlo, etc., y no sentimos empatía, percibimos una falsa nota, como que algo no encaja; en este caso podemos sospechar que el amor que dice profesar a sus hijos no es auténtico.

También conviene resaltar que todos tenemos el derecho y el deber de manejar las seis emociones, cada una cuando sea preciso. Cualquier desconexión, aunque a veces se exprese con orgullo ("yo nunca tengo miedo", "yo no me permito estar triste"), constituye una grave pérdida. Y lo mismo ocurre con cualquier prohibición, que puede venir de mensajes paternos, asumidos en la niñez, o del medio ambiente, que impone normas de lo que está bien y mal socialmente. En este sentido, hay emociones bien vistas en las mujeres (miedo, tristeza y amor) y emociones sólo permitidas a los hombres (rabia, orgullo y alegría).

Las emociones surgen en nosotros de forma refleja, automática, ante cada estímulo, sin que tengamos que pensar. Es un mecanismo muy poderoso, por su inmediatez, y que funciona a la perfección cuando nacemos. El problema aparece cuando, como vimos, una emoción se desvía hacia otra, ya que el mecanismo de respuesta emocional seguirá siendo automático e inmediato, pero equivocado. Además, no resulta trivial de detectar y corregir. Por ejemplo, un padre le dice a su hijo repetidamente que no debe llorar, que eso no es de hombres. Con toda probabilidad el niño empezará a sentir rabia en vez de tristeza (por ejemplo, se enfadará si su amigo se pone enfermo y no puede salir a jugar con él) y con el tiempo esto será en él una respuesta espontánea e inconsciente que puede arrastrar toda la vida y que le ocasionará incontables problemas.

Así pues, y aunque pueda sonar simplista, la mayor parte de nuestras carencias como personas, nuestras lagunas, nuestras zonas débiles, provienen de sentir una emoción cuando en realidad se nos presenta el estímulo adecuado para otra. Y la senda de crecimiento, una senda que no termina nunca, lleva exactamente esta dirección: emplear la emoción apropiada en cada momento.

Aunque no resulte trivial, sí es perfectamente posible cultivar nuestras emociones y corregir los desarreglos que tengamos. El instrumento esencial, que requiere un esfuerzo al principio, es observarnos a nosotros mismos, y fijarnos en qué emoción experimentamos en cada situación. El MAT nos proporciona la información necesaria para esta tarea, al definir con precisión las emociones auténticas y las falsas, permitiéndonos detectar qué emoción estamos sintiendo y, si no es la auténtica, cuál deberíamos sentir. Entonces hemos de acudir inmediatamente a la emoción auténtica y la armonía quedará restablecida. Es más, después de repetir una y otra vez el proceso de esta forma, consciente y vigilante, el funcionamiento adecuado de la emoción quedará restaurado y será ya automático.

Al comienzo no nos será fácil llevar a cabo esta tarea en tiempo real, sino que será a posteriori, al reflexionar, cuando nos demos cuenta de que hemos aplicado una emoción incorrecta y, claro, nos ha ido mal. Tomaremos buena nota para la próxima ocasión, y veremos que cada vez reconocemos las emociones falsas antes y más fácilmente. De igual modo, al principio sólo identificaremos emociones de gran intensidad (una rabia que nos saca de nuestras casillas, un miedo que nos atenaza...), después, poco a poco, iremos diferenciando las emociones en sus grados más bajos, hasta poder decir en todo momento cuál de las seis emociones estamos sintiendo, y si es auténtica o no. Algo importante: siempre que nos *sentimos mal* está actuando en nosotros, o ha actuado, una emoción falsa.

En resumen, si somos conscientes de las emociones por las que pasamos, tendremos a nuestro alcance un instrumento preciso para conseguir, al principio deliberadamente, luego de manera automática, responder siempre con la emoción adecuada. También es muy interesante tener una opinión externa que nos pueda guiar, pues muchas veces desde fuera las cosas se ven con más objetividad.

De todas formas, el crecimiento personal es algo siempre costoso, en tiempo y esfuerzo. Pensemos en una persona minusválida, condenada a una silla de ruedas, a la que un día un médico le dice: "lo que te tiene atado a esa silla tiene remedio, tienes que hacer esto y esto (una operación, un tratamiento...) y a partir de entonces podrás andar". Ante esta noticia caben muchas reacciones, pero sobre todo hay tres: 1) Yo no tengo ningún problema, tengo toda la movilidad que necesito; 2) Vale, no puedo andar, correr y brincar como otros, pero no estoy tan mal, llevo muchos años así y no creo que me merezca la pena el esfuerzo; 3) Por supuesto que tengo un problema. ¡No me digas que me puedo librar de él! Desde luego, haré todo lo que esté en mi mano.

Aunque tienen sus diferencias, las dos primeras opciones no llevan muy lejos: la persona seguirá postrada. Vamos a la tercera opción, la relevante, que tiene dos pasos claros: el primero es aplicar las medidas oportunas para solucionar el problema físico. Una vez realizado, la persona ya podría andar. Ahora viene el segundo paso, ya que, después de años y años sin hacerlo, deberá aprender a andar desde cero, literalmente. Y este segundo paso es mucho más lento y requiere mucho más esfuerzo que el primero.

Lo mismo ocurre en el ámbito del crecimiento personal: ante un problema determinado una persona puede escoger entre distintas posturas. Puede: 1) Negar que funcione mal; 2) Adoptar una postura conformista, aludiendo a que nadie es perfecto y él se siente muy a gusto tal y como es; 3) Asumir sus carencias y comprometerse sin reservas en el proceso de mejora. Para optar por esto último hace falta mucho amor auténtico: querer lo mejor para uno mismo y no parar hasta conseguirlo.

Hay que ser consciente de que esta tercera vía presenta dificultades. Para empezar, el entramado de creencias y justificaciones que mantenía nuestra zona imperfecta a salvo se viene abajo de repente. Nos quedamos sin protección y empezamos a ser muy sensibles en ese tema, todo nos duele, no recibimos más que observaciones sobre lo mal que actuamos en eso —siempre hubo estos mensajes, pero antes éramos inmunes, quizá ni los oíamos—. Luego hay que solucionar el problema, por ejemplo, volver a conectar una emoción desconectada. Con todo lo costoso que esto puede resultar, el proceso aún no ha terminado, ya que, lo mismo que le ocurría a la persona que llevaba años en la silla de ruedas, si nuestra emoción lleva desconectada desde la infancia, no estamos acostumbrados a utilizarla en la práctica, incluso después de corregir nuestras creencias erróneas. Simplemente, no nos sale, aunque lo deseamos ardientemente. Y entones nos encontramos con: el anhelo de hacerlo bien, el no saber cómo y la gran sensibilidad ante comentarios del tipo "qué mal lo haces". Entonces hay que perseverar, buscar a alguien que consideremos un maestro en lo que queremos lograr y aprender de él, y hacer muchos intentos, tirarnos a la piscina muchas veces. Y, al final del camino, la sensación inigualable de haberlo logrado, de ser otro, mejor. Todos los que hemos pasado por ello sabemos que la recompensa es mil veces superior al esfuerzo necesario.

En este libro vamos a estudiar cada una de las seis emociones, una a una. En algunos casos lo que encontremos coincidirá con lo que ya sabíamos, en otros será nuevo, incluso muy diferente. Pensemos que las ideas aquí expuestas tienen muchos años de estudio e investigación detrás, y de comprobación práctica, y forman parte de una ciencia, el MAT, muy profunda y que hay que ir conociendo poco a poco. Por otro lado, las emociones han sido tratadas muy a menudo de forma superficial, quedándose en los síntomas externos, sin acudir a las causas de las manifestaciones ni a los objetivos de tales emociones —¿para qué las tenemos?—. No olvidemos que no hay nada en un ser humano que haya sido establecido de forma aleatoria.

Pedimos especial atención a la definición que da Preciada de cada emoción, ya que es, en todos los casos, un prodigio de síntesis, de años de observación y reflexión condensados. Seis frases que merece la pena leer con detenimiento, varias veces, sumergirse en ellas e ir desgranándolas poco a poco.

LAS SEIS DIMENSIONES DEL SER HUMANO

¿PARA QUÉ TENEMOS LAS EMOCIONES?

Como hemos visto, todas las emociones nos son necesarias, pues todas y cada una nos aportan algo importantísimo para la vida. Somos seres de seis dimensiones, seis ámbitos que engloban todo cuanto abarcamos como seres humanos, y son precisamente nuestras emociones las que nos garantizan el acceso a estas, nuestras motivaciones básicas.

A cada emoción corresponde una función:

- ✓ La función del **Miedo** es la SEGURIDAD.
- ✓ La función de la **Tristeza** es el DESARROLLO.
- ✓ La función de la **Rabia** es la JUSTICIA.
- ✓ La función del **Orgullo** es el ESTATUS.
- ✓ La función del **Amor** es la PERTENENCIA.
- ✓ La función de la **Alegría** es la PLENITUD.

Estas seis totalizan las cosas que de verdad nos importan a los seres humanos, por eso constituyen nuestros seis **valores** auténticos. La única diferencia entre una persona más crecida y otra menos reside en el grado de perfeccionamiento que haya logrado en estos seis ámbitos.

SEGURIDAD: El ser humano necesita sentirse seguro, sin amenazas a su integridad física, sin que la atención de sus necesidades básicas esté en entredicho, sin que su derecho a existir, a ser él mismo —diferente de los demás— y a vivir de acuerdo a sus principios y valores éticos, sea cuestionado. Y necesita sentir que las personas de su entorno están igualmente seguras, a salvo del azar, contando con unos derechos que se les observan en todo momento. La auténtica seguridad se basa en la capacidad de la persona para percibir todas las situaciones, interiores y exteriores, que suponen una *amenaza* para su integridad. Para esto ha de ser capaz de *diagnosticar* a las personas y a las circunstancias que puedan comportar riesgos, estableciendo certeramente **dónde** está el peligro.

DESARROLLO: Toda persona cuenta con un enorme potencial que ha de desplegar en el mayor grado posible. Desarrollar nuestras posibilidades y las de los demás implica mejorar continuamente, aprender, dotarse de herramientas, conocimientos y experiencias, ejercitar aptitudes. La *madurez* y la *comunicación* son los pilares del desarrollo. La superación de las crisis y la evitación de las mismas nos hacen más maduros; una interacción inteligente, ordenada y orquestada, con nosotros mismos y con los demás, es imprescindible para el desarrollo propio y ajeno.

JUSTICIA: El ser humano necesita sentir que tanto él como los demás son tratados con ecuanimidad, recibiendo cada cual lo que merece sobre la base de normas claras, de aplicación universal y constantemente actualizadas. La libertad, la igualdad de oportunidades, el respeto de los derechos, han de ser bienes *colectivos,* basados en la aceptación por todos de un conjunto de **valores** comunes. El quebrantamiento de estos valores ha de estar penado y perseguido, no sólo individualmente, sino también de forma colectiva.

ESTATUS: El ser humano aspira con derecho a ver sus méritos reconocidos, a que se valore lo que tiene de bueno, y no, por el contrario, a ser objeto de envidia y verse atacado cuando destaca. El estatus auténtico de los más *crecidos*, basado en su superioridad afectiva, intelectual, espiritual o creadora, ha de recibir la admiración de los demás y los más altos honores por su parte. Valorar las obras de los genios, las que muestran lo que el hombre puede llegar a hacer, las que rompen techos y barreras, las que nos ponen en contacto con la Verdad, es la única forma de crecer todos.

PERTENENCIA: El ser humano anhela sentir que comparte un destino común con el resto de sus semejantes, de quienes está cerca, a quienes da y se da, y de quienes recibe. Con base en el *auto-aprecio,* se siente *solidario* con lo que a otros acontece; establece confluencias y se une a personas y causas que merecen su entrega, protección y aliento. Cooperando con otros se siente más realizado, comprende que está colaborando en algo superior, y consigue metas que solo jamás podría ni soñar.

PLENITUD: El ser humano ansía la *felicidad.* Ser dichoso, disfrutar de la vida, de la naturaleza, de sí mismo y de sus relaciones con los demás. Anhela encontrar un sentido a su vida que vaya más allá del día a día, que proporcione una finalidad a su existencia. El ser humano busca alguna forma de *trascendencia,* de comunión con algo superior a él, busca la PAZ más alta de todas. Así logra entender, con el corazón, para qué está en este mundo.

VALORES AUTÉNTICOS

SEGURIDAD: Es una persona respetuosa y fiable.
Tiene un profundo conocimiento propio y de los demás, base de su desempeño en la vida.
Transmite solidez, discreción y prudencia.

DESARROLLO: Es inteligente: analiza, busca y encuentra soluciones racionales a los problemas.
Honesto, bien organizado, con sentido de equipo.
Aprende y mejora con cada actuación.

JUSTICIA: Es claro y ecuánime en sus relaciones.
Auténtico, rechaza la mentira, la manipulación y las relaciones de fuerza.
Reacciona con agilidad y viveza.

ESTATUS: Admira todo lo bueno.
Se le aprecia fuerza creadora, originalidad, innovación.
Es el líder de su vida.

PERTENENCIA: Crece con los demás, en base al auto-aprecio y la solidaridad.
Da a las personas el papel estelar.

| | Muestra calidez, comprensión, compañerismo y una total vocación de servicio. |
| **PLENITUD:** | Busca incansablemente la verdad. Es optimista y tiene curiosidad por lo posible, visión de futuro, equilibrio, paz, ilusión, fluidez. Sabe disfrutar de la vida. |

ESTUDIO DE LAS EMOCIONES

EL MIEDO

Vamos a revisar la definición que ofrece el diccionario del MIEDO: "Temor. Sentimiento causado por algo o alguien que se considera dañino o negativo. Creencia de que algo dañino o negativo va a suceder o ha sucedido". Esta definición no deja claro lo fundamental: el miedo aparece ante una *amenaza*, es decir, algo malo que puede suceder *en el futuro.* Se anticipa al suceso negativo.

El MAT define el miedo de la siguiente manera: *"**Es la facultad innata de percibir la amenaza de una posible invasión, amputación o manipulación de algo vivo en ti o en tu entorno. Es la percepción de la fragilidad del perfecto equilibrio natural (armonía) que podría ser alterado por ti o por otros, arriesgando la integridad**".*

El miedo va desde el ligero recelo, pasando por la identificación de una amenaza, el cierre y alejamiento, y llegando hasta el pánico. Es nuestro sistema de alerta, puesto que nos permite detectar el peligro antes de que se consume, por eso es tan importante, tan útil e indispensable. Su función es la de proporcionarnos SEGURIDAD, ya que no sólo nos avisa del peligro, sino que nos apremia a emprender acciones para evitarlo. Empezando por andar con más ojo, desconfiar, siguiendo por tomar precauciones, distanciarnos, llegando a alejarnos físicamente y, si hace falta, ¡salir corriendo! En general, nos lleva a poner límites, a decir **NO** ante lo que no nos conviene. Si no fuera por el miedo, no estaríamos aquí, la raza humana no habría podido sobrevivir.

Al percibir el peligro, el miedo nos da la oportunidad de reaccionar, ubicando realmente lo amenazante —*dónde* está exactamente el peligro—, determinando hasta qué punto es amenazante y decidiendo qué podemos hacer para neutralizarlo. Por ejemplo, ante unos rumores de despidos en la empresa, lo primero sería investigar la veracidad de los rumores, determinar qué hechos están promoviendo los despidos, hasta qué punto nos pueden afectar y, una vez verificado todo esto, qué podemos hacer para intentar que no sucedan, quizá proponiendo medidas que sean una solución mejor a los problemas que los propios despidos.

Si tan beneficioso es el miedo, ¿por qué entonces está tan mal visto? Preciada cree que hay varias razones. La primera, y principal, es práctica: el 90% de los miedos son falsos (miedo a la libertad, a la intimidad, a estar solos, a destacar, al rechazo, etc.). Hay otra razón para la oposición social al miedo: *los arquetipos sexuales.* La mujer puede expresar miedo, pero el hombre no. El no mostrar miedo se toma por valor, aunque el valiente no es quien no tiene miedo, sino quien es consciente de los riesgos, determina cómo pueden ser evitados, y actúa en consecuencia. Por otro lado, cuando la causa de miedo es real, a menudo quien lo provoca lo toma por una acusación de ser malo o actuar mal. Así, en ocasiones se nos culpabiliza por sentir miedo auténtico, se nos manipula confundiéndonos con frases como: "¿qué pasa, no confías en mí?".

Cuando el miedo funciona mal no cumple su misión, ya que o bien no avisa nunca de los peligros o nos tiene continuamente en alerta roja, sin motivo. En el primer caso hablamos de miedo desconectado o prohibido, es lo que les ocurre a las personas temerarias, que se lanzan a todo tipo de aventuras de alto riesgo de forma inconsciente y alocada, causando estragos para ellos mismos y para quienes hallan a su paso. Esta actitud se encuentra detrás de la mayor parte de los escándalos financieros que hemos vivido en los últimos años. El otro modo de mal funcionamiento es lo que llamamos miedo hinchado, lo exhiben las personas tímidas y cohibidas que no se permiten nada. El miedo hace que nos cerremos, y por tanto que nos perdamos cosas; por eso el miedo hinchado nos lleva a vivir en una campana de cristal que nos aísla, como esas personas con el sistema inmunológico dañado que no pueden tener ningún contacto, ni siquiera con el aire, sin riesgo de contraer enfermedades. Sólo que en el caso del miedo hinchado, la mayor parte de los considerados peligros son ficticios, y nos perdemos muchísimas oportunidades de forma inútil e injustificada.

Para alcanzar la SEGURIDAD sólo hay una vía: ser capaces de diagnosticar cada situación en particular y determinar si hemos de seguir adelante o no. Nunca podremos lograrlo aplicando generalizaciones, por ejemplo ser muy desconfiados —"de entrada no me fío de nadie, luego ya veremos"— o totalmente confiados —"hay que darse a todo el mundo"—, la única forma es juzgar cada caso. Algo que todos tenemos que hacer cada día es evaluar a otras personas, para decidir si queremos ser sus amigos, si nos conviene hacer negocios con ellos, etc.; así pues, el conocimiento de los demás es clave para nuestra SEGURIDAD. En este sentido, las aportaciones del MAT como herramienta de *diagnóstico* de las personas son absolutamente concluyentes. Pensemos simplemente en la posibilidad de saber cómo es por dentro el individuo que tenemos enfrente con sólo verle: qué valora, qué le molesta, cómo reacciona, qué podemos esperar de él, cómo tenemos que hablarle, etc., así sí podemos sentirnos seguros. Y podemos mostrar el miedo más puro y auténtico: *el miedo a dañar a los demás.*

El miedo está muy enraizado en nosotros, ya desde los primeros minutos de vida sufrimos todo tipo de alarmas. Pero si vamos a los temores más profundos del ser humano, éstos nacen de no saber si lo que se nos muestra es o no es lo que parece, especialmente si lo que te presentan como siendo tú —"te voy a poner un espejo delante"— es o no es tú. Nadie está autorizado a decirnos: "yo sé más de ti que tú mismo", aunque todos los padres, poco o mucho, lo hacemos con nuestros hijos, al intentar inculcarles nuestra visión de la vida. Conclusión: sin auto-conocimiento no puede haber plena SEGURIDAD, ya que no haremos buen uso del segundo miedo más auténtico: *el miedo a que nos dañen.*

El sentido ligado al miedo es el **tacto**. El tacto es el sentido más extenso que tenemos, está en toda la piel que recubre nuestro cuerpo y realmente es una coraza de defensa que nos proporciona

SEGURIDAD. Imaginémonos sin piel, desollados, todo nos daría miedo, cualquier acción implicaría un peligro, un potencial dolor. Podemos vivir sordos o ciegos, pero no sin piel.

El color del miedo es el VIOLETA.

LA TRISTEZA

¿Cómo la define el diccionario? TRISTEZA: "Estado de ánimo caracterizado por la tendencia al llanto, al ensimismamiento y a la pasividad, frecuentemente causado por un dolor o una insatisfacción". Si bien la causa de la tristeza está bien reflejada, los efectos descritos son muy parciales y se confunden con la depresión, que es la que produce pasividad y que, en realidad, es falsa tristeza.

Esta es la definición que da el MAT de la tristeza: *"Es la facultad innata de percibir la pérdida, temporal o definitiva, del equilibrio perfecto natural, propio o ajeno, o de algo valioso. Es la anticipación del sufrimiento adicional que tendrás que soportar para encontrar opciones para compensar esa pérdida y recuperar el equilibrio".*

La palabra clave en este caso es *pérdida*. Percibir una pérdida es tener la sensación de estar peor que antes. Hay muchos tipos y gradaciones de pérdida, desde sentirnos cansados o tener un dolor físico, pasando por perder la oportunidad de hacer u obtener algo que deseamos —por ejemplo, nos enteramos de que han quitado de la cartelera la película que queríamos ir a ver—, siguiendo por perder algo que teníamos y valorábamos —por ejemplo, se va la luz, o cortan el agua; nuestro mejor amigo se muda a una ciudad lejana—, y llegando a situaciones irremediables

—como la muerte de un ser querido—. En realidad, todo contratiempo, problema, asunto que va mal, que se ha torcido o que vemos que se va a torcer, es una pérdida y, por lo tanto, un motivo objetivo de *tristeza*. También la percepción de una posible pérdida es causa de tristeza. Incluso lo son las pérdidas por omisión: las ocasiones de encuentro, de compartir, de comunicar, que nos perdemos por no hacer algo; por ejemplo, no ir a una reunión o un evento, no querer conocer a alguien, no contar algo que vamos a hacer —con la oportunidad que supondría para que nos den información, ideas—, etc. El respeto que impone el silencio es un motivo de tristeza.

Es importante distinguir entre la anticipación de una *pérdida* (tristeza) y la percepción de un *peligro* (miedo). Preciada señala aquí que la pregunta que hay que hacerse es: "¿Se trata de una amenaza a mi integridad o la de otro?". Si está en juego la integridad (física, psíquica, etc.) es un motivo de miedo; si no, se trata de tristeza.

Muchas pérdidas son causadas por el paso del tiempo: las personas envejecemos, los utensilios y aparatos se estropean, el polvo ensucia los muebles... todas las acciones de mantenimiento, que llevan a contrarrestarlo, reparando, reponiendo, etc., constituyen ejercicios de *tristeza auténtica*.

La tristeza nos ayuda a superar las pérdidas, los problemas, y la solución a los problemas se encuentra pensando. Por esto, el mecanismo básico de la tristeza es, ante una pérdida, lanzar una pregunta a nuestra inteligencia, siempre la misma: "Esto se ha torcido —o se está torciendo—, ¿qué puedo hacer?". Nuestra inteligencia entonces *analiza* el caso, *busca opciones* para reemplazar lo perdido o tratar de evitar que se pierda, y *pone en práctica* la mejor, o la menos mala. No hay forma de superar una pérdida, de pasar página, sin *entender* qué ha pasado. Hay ocasiones en que la pérdida es irreparable, y entonces sólo queda llorarla. Aun en esos casos, la tristeza juega un papel fundamental, el de permitirnos superar la situación, logrando que mentalmente aceptemos que podemos vivir sin lo perdido. Por ejemplo, ante la muerte de un ser querido, no podemos quitarnos la idea de la cabeza hasta que reparamos en que tenemos muchas otras cosas en la vida: obras por hacer, gente que nos quiere y a la que queremos, etc. Esto es fruto igualmente de la tristeza; la tristeza siempre hace mejorar, por eso de las crisis salimos fortalecidos. De esta forma cumple su función, que es nuestro DESARROLLO, es decir, mejorar lo que somos haciéndonos más eficientes, más maduros, más perfectos. No se limita a percibir la pérdida, sino que nos incita a buscar reparación, lo cual nos hace progresar. La tristeza nos evita cometer muchos errores y nos hace aprender de los que cometemos, de hecho alguien inteligente siempre es capaz de encontrar oportunidades en cada pérdida.

De igual forma que en nosotros mismos, la tristeza nos permite percibir pérdidas y carencias en los demás, esa capacidad se llama *sensibilidad*. Nuestra reacción será idéntica a la descrita anteriormente, nos preguntaremos: "Esta persona tiene un problema, ¿cómo puedo ayudarle?" Entonces *analizamos* la situación —recabando para ello todos los datos necesarios—, *buscamos* posibles remedios y *ayudamos* a la persona.

La tristeza es la energía que alimenta la inteligencia racional (hemisferio izquierdo del cerebro); de hecho, intuitivamente, se asocia el estar bajo de ánimo a la lucidez. La inteligencia es el arte de eliminar las causas de los problemas que limitan el DESARROLLO: la capacidad de memorizar, de hacer las preguntas adecuadas en cada situación, de procesar la información para encontrar varias posibles respuestas a la cuestión planteada, y de evaluar los méritos de cada opción para poder elegir la mejor. Para cumplir su función, la inteligencia ha de trabajar con pura objetividad, pura racionalidad, pero procesando no sólo datos, sino también sensaciones, emociones, creencias, afectos, valores, imaginaciones e intuiciones —si sólo manejamos datos seremos sesudos, pero no inteligentes—. Una persona inteligente es capaz de analizar desapasionadamente los hechos y de saber desarrollarse para tener más certezas cada día; siempre confronta sus ideas y conclusiones con la realidad y nunca desprecia los datos que no puede integrar en la hipótesis o teoría que está aplicando.

Manejar la posible pérdida, no sólo la pérdida ya producida, lleva a un grado superior de inteligencia —manejar la posible pérdida es, por ejemplo, estar pendiente de los demás, o del desarrollo de las situaciones, para poder prever—. La persona plenamente inteligente se esfuerza en estar en todo momento atenta, para anticiparse a las pérdidas. Una inteligencia muy humana, en contraposición a la de un ordenador, es la que introduce sensibilidad, y tiene siempre en cuenta las implicaciones que sus decisiones tienen en las personas.

Cuando alguien tiene la tristeza desconectada, lo que detectamos es una falta absoluta de sensibilidad, no lamenta nada, todo le resulta normal, o todo tiene un culpable a por el que hay que ir —actúa con rabia en vez de tristeza—. Por ejemplo, si llega tarde al aeropuerto y pierde su avión, no se para a pensar qué hacer (por ejemplo, averiguar a qué hora es el siguiente vuelo o hablar con el cliente al que va a visitar para cambiar la cita de día), sino que se enfada con la azafata que cerró el vuelo, con el taxista que le llevó, con su mujer que no puso el despertador en hora y consigo mismo, por fiarse de gente así. No muestra reflexión alguna, no se para a pensar, no tiene opinión propia (por ejemplo, aplica continuamente el refranero), dispara primero y pregunta después. Por el contrario, las personas con la tristeza hinchada presentan gran tendencia a la melancolía y a la depresión, y, sobre todo y más característico, una necesidad imparable de hacer cosas, de trabajar —los *adictos al trabajo* son una muestra patente de tristeza hinchada—, ven pérdidas en todas partes y siempre han de estar haciendo algo para repararlas.

El sentido que moviliza la tristeza es el **oído**. Para encontrar soluciones es necesario escuchar cualquier aportación. Si estamos sordos, nos domina la tristeza, ya que no tenemos acceso a la mayor parte de la información ni nos podemos comunicar con facilidad. Estamos en una sensación de soledad total, y la soledad es pura tristeza.

El color de la tristeza es el AZUL.

LA RABIA

Tal y como la define el diccionario, la RABIA es: "Sentimiento de desagrado y rechazo que va acompañado de agitación nerviosa y que impulsa a la violencia. Sentimiento de disgusto o contrariedad. Antipatía o aversión". Una definición no muy afortunada porque no dice qué provoca el rechazo (la causa de la rabia), y, además, describe los efectos de la rabia hinchada, no de la auténtica.

El MAT define así la rabia: *"Es la facultad innata de reaccionar contra manipulaciones, mentiras, agresiones e inversiones que pueden alterar el equilibrio perfecto de tu estructura o la de los demás, denunciándolas y confrontándolas. Es la energía necesaria para la afirmación y la protección de dicho equilibrio".*

La finalidad de la rabia es la JUSTICIA. Con objeto de preservarla, la rabia nos faculta para reconocer en tiempo real —sobre la marcha— qué es verdad y qué es mentira, y nos incita a reaccionar contra las injusticias, las mentiras y las manipulaciones, sean grandes o pequeñas, vayan dirigidas contra nosotros o contra otros. Nos hace decir **ASÍ NO** en las situaciones inadmisibles. Algo que no se cansa de repetir Preciada: la rabia auténtica nunca es furiosa —cuando nos enfurecemos ya es rabia hinchada—, es serena, como un cuchillo extremadamente afilado que corta las apariencias hasta llegar a la verdad sin hacer herida. La rabia auténtica es pura energía —que necesitamos para hacer cualquier cosa, para ir a nuestro aire, sin permisos—, sin ella nos quedaríamos paralizados, creyendo que no podemos hacer nada: no podemos hablar en público, no podemos dar nuestra opinión, vamos de víctimas, nos inutilizamos. La rabia auténtica que mostramos es inversamente proporcional al sentimiento de culpa, la culpa es falsa rabia contra uno mismo.

La rabia auténtica reacciona en tiempo real contra la injusticia que acabamos de advertir. Sale de nosotros en ese mismo instante —no en una mejor ocasión futura— y va dirigida exclusivamente al causante de la injusticia. Cuando la rabia no sale, sino que se queda dentro de nosotros, reconcomiéndonos, es porque algo va mal: o no manejamos bien esta emoción, o el entorno está enrarecido y no nos da confianza.

Es muy importante darse cuenta de que para que haya un motivo de rabia ha de existir una injusticia, una mentira, una manipulación, y eso sólo está al alcance de los seres animados. La vida, el tiempo, la naturaleza, los objetos, no pueden cometer injusticias, luego no pueden originar rabia. Cualquier contratiempo causado por ellos —que haga mal tiempo, que nos salgan canas o arrugas, que se estropee la calefacción cuando más la necesitamos, etc.— es motivo de tristeza, nunca de rabia.

Una función esencial de la rabia es la de limpiar, eliminar lo inservible, lo anticuado, lo falso, de cualquier situación. Para limpiar nuestra habitación precisamos rabia. Para separar el grano de la paja, lo valioso de lo accesorio —por ejemplo en una presentación—, necesitamos rabia. Para movernos y quitar lo sobrante en nosotros, sea física, mental, moral o emocionalmente, es precisa la rabia. La rabia es un corte con la mentira, que se aplica, por ejemplo, al cortar con la falsedad, que todos llevamos dentro, de que las personas cercanas (padres, pareja, hijos...) tienen un poder especial para hacernos sentir bien o mal —que cómo nos encontremos depende de ellos—, y eso es falso. Tienen el poder de hacer cosas que nos invitan a estar mal, pero no el de obligarnos a ello. Podemos detectar la mentira en lo que dicen o hacen y reaccionar contra ella; llegado el caso, no tenemos por qué seguir en contacto con esas personas, nos podemos alejar, o podemos romper con ese aspecto de ellos.

La rabia auténtica le tiene fobia a la idolatría. Es iconoclasta y combate todos los ídolos. Nada es sagrado para ella, en el sentido de que no se pueda analizar, cuestionar. Es lo contrario del amor incondicional, donde cualquier cosa parece aceptable. Todos tenemos mentiras asumidas, y denunciarlas es cosa de la rabia.

La rabia es lo que nos mantiene en el aquí y el ahora, en contacto con nuestro cuerpo y con la realidad a través de los sentidos. Para hacer un simple movimiento con el cuerpo, necesitamos rabia; de hecho, la rabia condiciona el bienestar y la salud de nuestro cuerpo, y la vitalidad que tenemos. Si nos atan y no nos dejan mover, sentimos rabia, ya que es injusto, porque tenemos derecho a afirmar nuestra vitalidad. Sin rabia no latiría nuestro corazón, la mente se nos quedaría en blanco. Por ejemplo, los actores, cuando salen a escena y tienen la sensación de no recordar el papel, pese a que se lo saben, no deberían caer en el miedo —"no me acuerdo"—, sino recurrir a la rabia y decirse: "¡es mentira que no me acuerde!". La rabia nos proporciona armonía en los movimientos corporales, la falta de rabia nos hace movernos como osos o como robots; todo esfuerzo físico (por ejemplo, un deporte) requiere rabia. Todos los entrenadores saben que cuanta más rabia se saque, más posibilidades de ganar. Al contrario, la falta de rabia hace que no nos interese el ejercicio.

Cuando la rabia funciona mal, no cumple su objetivo. La rabia desconectada lleva a no detectar las mentiras y manipulaciones, con lo que nos convertimos en carne de cañón, se aprovechan de nosotros en nuestra cara y ni lo vemos, o, si llega el caso, disculpamos al mentiroso, justificamos al timador, salvamos al manipulador. Por otro lado, la rabia hinchada es desmesurada, colérica, furiosa, y desemboca no pocas veces en violencia, por eso está tan denostada. La rabia hinchada nos lleva, por ejemplo, a romper definitivamente con quien nos hizo algo malo, nos defraudó, mientras que la auténtica nos induce a rechazar ese hecho, o ese aspecto de la persona, pero no toda ella. Con seguridad, el origen principal de rabia falsa a nuestro alrededor —la aplicada en vez de tristeza— proviene de la falta de reflexión, de no pararse a pensar y, en su lugar, aplicar un prejuicio (un juicio que ya teníamos, anterior al caso que nos ocupa). Esto es una generalización, algo que es bastante peligroso si buscamos la verdad, además de injusto. Los tópicos —que son generalizaciones generalizadas— son cómodos porque nos dispensan de la necesidad de pensar, pero los resultados son sumamente pobres.

El sentido de la rabia es el **olfato**. La capacidad de

identificar la mentira está relacionada con el olfato, se huele, aunque sea de forma inconsciente. De hecho, ya en el lenguaje común decimos de alguien, metafóricamente, que 'tiene olfato' cuando las ve venir y es difícil engañarle. Está demostrado que cuando mentimos o manipulamos, nuestro organismo segrega sustancias que huelen mal. Una experiencia interesante es comprobar cómo el olor de una persona con la que estamos comúnmente, por ejemplo nuestra pareja, nos desagrada el día que nos ha mentido o lo ha intentado.

El color de la rabia es el ROJO.

EL ORGULLO

Tomando de nuevo como punto de partida la definición que ofrece el diccionario, el ORGULLO es: "Alta estima de sí mismo o de las cosas propias, frecuentemente con sentimiento de superioridad sobre los demás". No nos sorprende una visión negativa del orgullo, la emoción peor entendida en nuestra sociedad. Simplemente diremos de esta definición que dirige el orgullo exclusivamente a uno mismo y que, en la coletilla, está hablando del orgullo hinchado, y no del auténtico.

> Esta es la definición que hace el MAT del orgullo: *"Es la facultad innata, específicamente humana, de percibir y transmitir la dimensión creadora al servicio del amor y de la vida. Es crecer, hacer crecer y crear".*

El orgullo es quizá la emoción en la que más se distancia el MAT de la visión convencional, aunque el origen de su definición es similar: la toma de conciencia de la valía de las personas y de sus obras. La novedad está más bien en dónde reside, según el MAT, la verdadera valía de las personas: en su capacidad de crear cosas y hacerlas crecer, y la primera obra de una persona es ella misma. La función del orgullo es el ESTATUS, todos lo necesitamos, es el sentimiento de que sin nosotros el mundo sería un poquito peor; en el fondo es lo que nos da *derecho a vivir*.

La creación siempre supone una metamorfosis, que surja algo nuevo que antes no existía. Que, a partir de elementos conocidos, nazca una realidad totalmente distinta, un invento que transforme el entorno o nuestra relación con él. Ésta es una facultad exclusivamente humana, ningún otro ser de la Creación disfruta de ella. Así, los animales adoptan un mismo patrón de actuación generación tras generación, y el mismo inmovilismo se pone de manifiesto en el mundo vegetal y mineral. Para crear, primero hay que imaginar: la *imaginación* pertenece, así, al dominio del orgullo.

Es importante distinguir aquí entre *desarrollo* —que es obra de la tristeza— y *transformación* —que pertenece al orgullo—. El desarrollo implica aprendizaje, mejorar un poco cada vez; tenemos lo que había pero en mayor medida, más eficiente, mejor —un ordenador más rápido, un motor que consume menos, etc.—. La transformación entraña un cambio radical, convertir algo en otra cosa —dos átomos de hidrógeno y uno de oxígeno que se combinan para dar lugar a una molécula de agua, un filamento de metal que atravesado por la corriente eléctrica da luz, etc.—. No es lo mismo restaurar un cuadro (tristeza) que pintar un cuadro (orgullo). Obviamente las dos cosas son necesarias, sólo tratamos de diferenciarlas.

De igual forma, si hablamos de crecimiento, existe un crecer orgánico, que hace más grande lo que había —como el crecimiento de un árbol—, que está regido por la tristeza, y un crecimiento con transformación —como la crisálida, que de gusano se convierte en mariposa—, que necesita orgullo. Extrapolándolo al ámbito del crecimiento personal, está el aprendizaje de cada día, que nos hace crecer un poquito, la experiencia que hace que vayamos mejorando gradualmente —éste es el efecto de la tristeza—; y está el cambio profundo: el momento en el que pasamos a pensar y a actuar de otra forma —esto necesita orgullo—.

El orgullo se encuentra dentro de cada uno de nosotros ya desde nuestra concepción —¡qué mayor transformación que un óvulo y un espermatozoide que, nueve meses después, se han convertido en un bebé!— y a lo largo de toda nuestra vida —un ejemplo claro es cómo nuestro organismo transforma los alimentos que ingerimos en las sustancias que necesita—. Por eso todos tenemos en nosotros mismos la capacidad de crear, no hemos de ir a buscarla fuera.

El primer paso en el orgullo es la *admiración* —cada vez que admiramos algo, estamos sintiendo orgullo—, que parte de la detección de lo grande, de lo bueno, de lo bello. Nuestro orgullo nos faculta, siempre que nosotros nos autoricemos —"yo soy quién para evaluar esto"—, para valorar las cosas, todas las cosas, detectando qué tienen de valioso, de sobresaliente. De forma objetiva, no necesitamos hacer una encuesta: nuestro orgullo nos dice que la calidad de las cosas, su grandeza, no es relativa, es absoluta. Entre todo lo que nos permite valorar, merecen mención especial las personas y sus creaciones. El orgullo auténtico nos permite evaluar a las personas, empezando por nosotros mismos, percibiendo su calidad humana, su grandeza, y distinguiendo perfectamente en qué son grandes y en qué no. Así edificaremos nuestra *autoestima* y seremos capaces de admirar lo notable en los demás. Por ejemplo, a lo largo de nuestra vida conocemos a innumerables personas, indudablemente algunas muy sobresalientes en ciertos aspectos. Tú, que estás leyendo esto, ¿has conocido alguna vez personalmente a alguien que consideres, sin duda, un genio? Es buena prueba para determinar el estado de tu orgullo, porque, en el extremo, el orgullo es la facultad de reconocer a un genio, y decidir apoyarle y protegerle, es decir, jugártela por él. No olvidemos que, de todas las emociones, el orgullo es la más difícil de manejar perfectamente, y existe tanta mediocridad que cuando surge alguien de una talla descomunal nadie lo ve, parece raro, lo tomamos por loco... aunque después de muerto, con el tiempo, se le reconoce y triunfa. Y es que quien de verdad conecta el orgullo y crea obras geniales, permanece; tarde o temprano es reconocido, tarde o temprano cambia el mundo.

El segundo paso es la *creación*, hacer cosas por nosotros mismos, sean más grandes o más pequeñas. Dar nuestra opinión asertivamente, optar por algo sin ambages —tomar decisiones asumiendo las consecuencias—, adquirir compromisos en nombre propio, dar a luz una obra que podamos legar... El orgullo está detrás de toda innovación radical, de toda invención, de la primera vez que algo se hace de forma totalmente distinta. Todas las ideas, productos, hallazgos, que cambian el mundo, la forma de vivir o la concepción de la existencia, parten de una innovación radical. El arte es el reino de la creación por excelencia, aunque se puede crear en absolutamente cualquier situación: en la vida diaria, en el trabajo —sea el que sea—, en nuestra relación de pareja, etc. Nuestro orgullo nos impulsa a crear, nos convence de que podemos, nos aporta ambición para buscar lo mejor y no conformarnos con menos: el orgullo es proponerse objetivos y decir "yo puedo hacerlo y lo hago".

El tercer paso del orgullo es el *crecimiento*. Como hemos visto, hay dos tipos de crecimiento: el gradual —mejorar, aprender— y el radical, el de verdad, el que nos hace ser otra persona —que es obra del orgullo—. Este crecimiento fundamental conlleva necesariamente una transformación de nuestras certezas: lo que ayer estábamos seguros de que era A, hoy comprobamos, si ninguna duda, que es B. El orgullo auténtico nos dice que, como personas que somos, no estamos limitados en nuestro crecimiento, no hay en nuestra naturaleza ningún condicionante o restricción que nos confine.

Llegados a este punto, cabe preguntarse: ¿cómo es que algo tan maravilloso como el orgullo aquí descrito tenga tan mala prensa? Y es que a muchas personas hasta la palabra orgullo les causa rechazo. La respuesta es que, en realidad, es el falso orgullo —que solemos llamar prepotencia, soberbia o egocentrismo— el repudiado, y con razón. El falso orgullo es el que se manifiesta cuando no hay motivo para tal, o cuando se exagera tal motivo, y genera especial repulsión porque supone siempre una apropiación indebida de lo que no es nuestro, que quitamos a otro.

Para crear hay que probar y probar, hasta dar con algo valioso. Este esfuerzo necesita una guía: el gusto. El gusto es el sentido de la estética, el que nos permite distinguir lo bello de lo vulgar, lo grande de lo pequeño. Por eso el **gusto** es el sentido del orgullo.

El color del orgullo es el VERDE.

EL AMOR

Esto es lo que el diccionario señala como AMOR: "Sentimiento de profunda inclinación o apego a una persona cuyo bien se desea como propio, y cuya compañía y benevolencia se sienten como motivos de dicha. Afición o inclinación a algo". Nos parece, sin duda, la emoción mejor definida.

Definición MAT del amor: *"Es la facultad innata de crear y crearse un espacio seguro en el que cada cual pueda ser sí mismo: lo que nació para ser. Un espacio donde recuperar y conservar facultades perdidas".*

Es de crucial importancia comenzar diferenciando lo más claramente posible el amor de la *compasión* (que es tristeza), pues es justo lo contrario y muy a menudo se confunden. La compasión consiste en percibir y atender los problemas, la parte dañada de alguien, poniendo mucha energía para que no se siga estropeando y se pueda curar. Es desarrollo, tristeza. El amor es algo completamente distinto: "esto es tan valioso que tengo que ponerme a su servicio, tengo que hacer todo lo posible para que esta persona esté cubierta, se sienta feliz". Es el reverso de la moneda; de hecho, donde hay amor no hay sitio para la tristeza, y la ausencia de amor es ya la mayor tristeza. El amor surge al percibir lo entero, lo sano, lo auténtico; la tristeza surge al detectar lo dañado, lo podrido, lo perdido. En este sentido, todas las cosas, y por supuesto las personas, que nos acerquen a lo auténtico, a la verdad, merecen nuestro amor. Todo lo que intente alejarnos merece nuestra rabia.

Para poder amar lo bueno, hemos de vernos con derecho a ello, a vivirlo y disfrutarlo. Si no, nos quedamos sólo en la obligación de ayudar, y nos unimos a lo que nos necesita (esto es sentir amor en vez de tristeza), mientras que no amamos lo que está y funciona bien: "Si no me necesita, ¿para qué me voy a dar?" (esto es tristeza en vez de amor). Ahora es importante que nos preguntemos: ¿Con qué tipo de personas nos gusta estar? ¿Con quiénes pasamos, de hecho, más tiempo?

Utilizando una de las muchísimas definiciones geniales de Preciada, que lo dice todo en dos palabras, diremos que la fuente del amor es el *anhelo de entrega* que todos tenemos al nacer y que, de no dejarlo secar, nos acompaña toda la vida. Anhelo de estar cerca de los demás, de colaborar, de compartir desinteresadamente todo lo vivo, todo lo Creado. Este anhelo es el origen, el último reducto del amor, es la disposición de la que todo dimana. De ahí hasta la entrega, la realidad total del amor, nos encontramos todas las posibilidades: desde la gratitud, la simpatía, el afecto, el apego y, al final, la pasión más absoluta.

Amar es arriesgar; cuando nos comprometemos de verdad con alguien, nos la jugamos, nunca sabemos cómo resultará. El amor nos hace completamente *vulnerables*, al entregarnos nos ponemos en las manos del otro, nos quedamos sin armadura ni retaguardia. A partir de ahí todo es posible, podemos subir a las cumbres o descender a las simas, y posiblemente tengan lugar ambas situaciones. En realidad, el amor correspondido nos lleva a la alegría, a la felicidad, mientras que el frustrado deviene en tristeza.

¿Hay que dar amor a todo el mundo? He aquí una pregunta capaz de generar una polémica de horas en cualquier reunión. Tal y como señalamos, nuestro anhelo de amar siempre está activo, con más razón ante cualquier persona, aunque sea de la peor ralea —todo ser humano posee aspectos buenos en potencia, y cuenta con la capacidad de redimirse, recuperarse y tomar nuevas decisiones—. Así pues, nuestra disposición amorosa siempre dará una oportunidad, esto es, nos hará estar atentos a la aparición de cualquier acción loable y, entonces, apoyarla, cuidarla y ayudarla a crecer. El amor, en estos casos, se comporta como esas plantas que crecen en medio de una roca, sacando el mayor partido a cada trocito sano y vivo.

El amor nace al ver lo que el otro ES, al acceder a su alma, cuando pasamos de valorar sus obras y acciones a valorar a la propia persona, y surge de forma automática; cuando detectamos lo valioso, el impulso es a protegerlo, cuidarlo, nutrirlo y unirnos a ello (que es la PERTENENCIA). La PERTENENCIA, el sentimiento de pertenecer, de formar parte de alguien o de algo, es la finalidad del amor; alguien nos admite, nos acoge, ya no estamos solos, tenemos un futuro común.

Cuando amamos a alguien, lo primero es crear para él un espacio seguro donde pueda ser él mismo, libre, sin exigencias, donde no necesite máscaras, fingimientos ni disimulos para sentirse aceptado, valorado y digno de confianza, con la sensación de que todo saldrá bien. La imagen que nos viene a la mente es el abrazo: cuando abrazamos a alguien con amor, físicamente lo estamos protegiendo, y simbólicamente estamos trazando un espacio con nuestros brazos donde puede estar seguro, donde nada malo podrá entrar, en el que puede confiar aunque todo lo demás vaya mal.

Pero el amor es más que proteger, más que no herir y evitar que otros hieran. Es ir más allá, en una actitud proactiva; no limitarnos a dar cuando se nos pide, sino estar siempre pendientes de las necesidades del otro para intentar satisfacerlas; ver qué más podríamos hacer por él para que sea más feliz, empezando por algo tan sencillo como lograr que se sienta a gusto. Y de forma especial, ver qué podemos hacer para que crezca, recupere todas sus facultades y supere sus desconexiones y falsas emociones. Entonces podrá ser realmente lo que nació para ser. El amor verdadero es incompatible con la comodidad, pues es muy *activo* en dar, no se queda en lo contemplativo; y también con la cobardía, pues nos lleva a *jugárnosla* por el otro, arriesgando lo que sea preciso con tal de ayudarle a crecer.

El amor es también unirse al amado, estar *juntos*, hacer cosas *juntos*. El mayor logro del amor es superar la soledad vital, la soledad radical que llamaba Ortega: "nacemos solos, sufrimos solos, morimos solos". Cuando nos entregamos a alguien la confianza es completa, lo compartimos todo, el presente es común y el destino también se siente y se desea en común. Pero nunca hay que confundir el amor con la simbiosis o la posesión: el amor verdadero se da entre dos personas independientes y enteras que deciden unirse libremente y renuevan esta decisión en cada instante. La afirmación de esta libertad para el otro en todo momento es crucial.

Amar es pensar en el amado, no en uno mismo. Pensar en su bienestar y, sobre todo, en que sea él y sea grande —cada día más—, por encima de nuestros deseos y, por supuesto, de la propia relación. Si recibimos amor auténtico sentiremos que somos más nosotros mismos, y mejores. No iguales, ni mucho menos inferiores: menos creadores, menos luchadores, menos vivos. El amor de verdad nunca ata, ni mucho menos atrapa. Nos hace volar más alto. Jamás es limitador —nos corta las alas—, ni pegajoso, tejiendo una tela de araña emocional en la que nos quedamos pegados en cuanto queremos volar. El que quiere auténticamente se desvive porque su amado no se quede ni un milímetro por debajo de donde podría llegar.

El amor tiene la capacidad de proporcionar OTRA VIDA, y de aquí su poder, tan traído y llevado, porque a cambio de eso lo damos todo. En pocos sitios como en *Tristán e Isolda*, la ópera de Wagner, se muestra tan bien la fuerza del amor. Pese a narrar un amor imposible, la tristeza no aparece en ningún momento, en primer lugar porque el amor es siempre correspondido, y en segundo porque Wagner, y ahí está su genialidad, consigue transmitir que el amor es capaz de vencer a la muerte, que Tristán e Isolda se quieren tanto que seguirán amándose en el más allá; si el amor consigue trascender la muerte, ya nada ni nadie puede amenazarlo.

Como con todas las emociones, cuando el amor funciona mal no cumple su finalidad de PERTENENCIA. Vamos a ver qué ocurre cuando el amor está desconectado o hinchado. El primer caso alude a las personas que llamamos desalmadas —el amor rige nuestro corazón y nuestra alma—: desconfían de los demás, no creen en la solidaridad, están convencidos de que cada uno va a lo suyo, y ellos deciden hacer lo mismo. El amor hinchado, por otro lado, es el que no discrimina, se dirige por igual a los buenos y a los malos, llegado el caso más a los malos, porque ellos lo necesitan más. Las personas así se dedican a salvar al que no se quiere salvar y se entregan al que sólo quiere aprovecharse. Siempre acaban mal, y sufren y sufren, pero piensan que así ha de ser la vida, que si algún día tienen un poquito de felicidad será a cambio de todo el amor incondicional que han dado a diestro y siniestro. Pero el amor no ha de ser incondicional (aunque sí la disposición a dar amor), sino dirigirse a quien lo merezca y mientras lo merezca. El amor es dar y recibir, recibir y dar; hay que pedir reciprocidad y, si ésta no se da, dejar de amar. Por ejemplo, el hecho de decidir unirnos a alguien que nos trata mal, física o sicológicamente, o seguir con él una vez detectado esto, nunca puede provenir del amor auténtico.

El sentido asociado al amor es la **vista**. Por ejemplo, para enamorarnos de alguien necesitamos verlo, si no puede ser en persona, será al menos en foto, y aun si no, nos crearemos una imagen mental suya para poder mirarla; sin esto no puede afincarse el amor. Incluso cuando pudiera brotar un principio de amor sin haber visto a la persona, todo estará cogido con alfileres hasta el momento de verse. Ese es uno de los momentos de la verdad, y si la vista dice no, no hay nada que hacer. A través de la correspondencia —por carta antaño, mediante correo electrónico en nuestros días— podemos conocer cosas de la persona, sus gustos, sus opiniones y creencias, hasta sus valores, pero nunca sabremos si nos sentiremos bien a su lado. Además, a través de los ojos expresamos los afectos, qué duda cabe.

El color del amor es el NARANJA.

LA ALEGRÍA

Una vez más, consultemos el diccionario. ALEGRÍA: "Estado de ánimo placentero con tendencia a la animación y la risa". Desde luego, sí describe alegría de verdad, aunque la definición no deja de ser parcial.

El MAT dice de la alegría: *"Es la facultad innata de percibir y transmitir el fluir de la vida en ti y en tu entorno, con la sensación de placer pleno que ello produce. Es la satisfacción de ver incrementada, por acceso a verdades y logro de afectos y cosas sin manipulación, la seguridad de garantizar ese fluir. Es también el alivio de quitarte pesos muertos de encima y de recuperar tu estructura perfecta".*

Alegría es sentir el fluir de la vida, lo agradable y maravillosa que es; es percibir la facilidad con que ocurren las cosas buenas, las que queremos que ocurran; es la sensación de que lo que deseamos sucede de forma natural, sin rozamiento, siguiendo su cauce, y va a seguir sucediendo, como un regalo que nos cae del cielo. Es la convicción de que merece la pena vivir. La función de la alegría es la PLENITUD: en cada momento ser, amar y fluir lo más posible, así nos sentimos llenos, realizados, en PAZ. Por eso, la alegría es el estado deseado, es la felicidad. Y cuando funcionamos bien, tenemos los mecanismos suficientes para volver a la alegría después de cualquier contratiempo. La alegría nos permite penetrar en el sentido de la vida, nos muestra que hay algo más, nos pone así en contacto con la trascendencia.

La alegría tiene sus formas y sus gradaciones, empezando por la más básica: la alegría de respirar (meter lo vivo, sacar lo muerto). Luego la alegría de festejar, disfrutar, reírnos. Después la alegría del orgasmo, de la plenitud física del contacto con otra persona. Y la máxima expresión, la conexión con Dios; que Dios, por amor, haga algo especial por nosotros.

La alegría es diversión, disfrute, placer. Como cada emoción en su ámbito, ésta nos permite captar lo divertido y nos anima a aceptarlo, pues situaciones placenteras hay a raudales en la vida, prácticamente en cualquier momento y lugar, y es cuestión de estar abiertos y dejarnos ir. Los maestros de la alegría no se cansan de repetirnos que el secreto está en disfrutar de las cosas pequeñas, y los maestros de la alegría no son otros que los niños. Los niños viven el presente, gran lección, y no se quieren perder nada: muestran entusiasmo ante cualquier novedad, se ilusionan, todo es importante para ellos —qué hay de postre, si vamos al parque, etc.—. ¿Sigues siendo así de mayor? Recuerda que la alegría son ganas de vivir.

El sexo también es del dominio de la alegría; como veremos, el MAT considera el sexo como un sentido. Con todos los sentidos se disfruta: la vista nos permite contemplar la naturaleza, la pintura; el oído nos da el regalo de la música, etc. Mediante el sexo accedemos a los más refinados placeres de este mundo, el sexo da la vida y mantiene en contacto con la vida. E influye en más cosas de las que pensamos, con los animales se ve muy claro: se comportan de forma muy distinta cuando están en celo, el macho se despierta cuando ve una hembra... En las personas está oculto, es tabú, en gran parte por los preceptos religiosos.

Como explica Preciada —otra definición genial—, el objetivo último de la alegría es *acceder a la certeza.* La alegría nace de la verdad y busca la verdad (complementariamente, el cometido de la rabia es la detección y erradicación de la mentira). Cuando encontramos la verdad, fluimos, nada estorba. La alegría nos pone en contacto con el futuro, nos permite visualizarlo anticipadamente, pues en su ámbito se halla la *intuición.* Al buscar todas las verdades, también las del futuro, se encuentra con la pregunta: ¿qué hay tras la muerte? De esta forma, la alegría es la puerta a la trascendencia, es la emoción que rige la **espiritualidad** en el ser humano.

Asimismo, la alegría es el guardián del inconsciente —esa parte oscura del cerebro en la que desconocemos qué hay, y sin embargo está actuando en nosotros, y se manifiesta a través de nuestros sueños, nuestros gestos, nuestros lapsus, nuestros anhelos, la pareja que elegimos, etc.—, y es también el faro que puede iluminar esa zona. Cuanto más iluminamos el inconsciente y más cosas pasamos al consciente, nos hacemos personas más integrales, más sabias, más definitivas y rotundas en nuestro contacto con los demás; más huella dejamos, menos miedos tenemos, mejor conocimiento de nosotros mismos y de los demás, etc. La alegría es *luz*: la luz del sol.

El sentido de la alegría es el **sexo**, el órgano sexual. Con el sexo captamos si hay vida en otro o no: nos acercamos a una persona y nuestro sexo nos dice cosas. No estamos acostumbrados a escucharlo, pero nos está dando mensajes todo el tiempo, puesto que tiene vida propia y responde a los estímulos.

El color de la alegría es el AMARILLO.

SECUENCIA MAT DE LAS EMOCIONES

El orden en el que hemos presentado las emociones no es casual. Aunque un estudio detallado se sale del alcance que pretende este libro, baste decir que el MAT demuestra que cada emoción es la base de la siguiente, de acuerdo al gráfico que presentamos en la página siguiente.

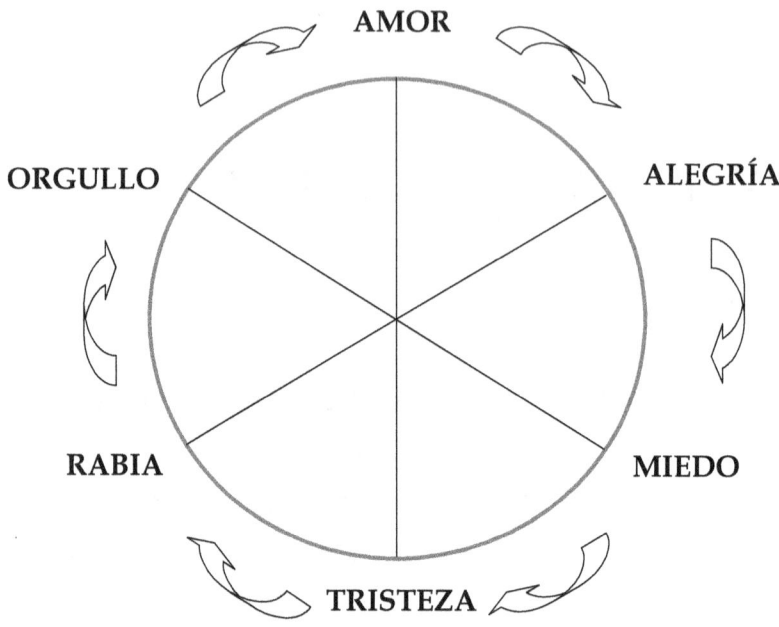

Vamos a poner unos ejemplos para mostrar cómo funciona esta secuencia en la práctica.

A) Detección y solución de un problema.

- ➤ El *Miedo* detecta un peligro para nosotros.

- ➤ Con la *Tristeza* lo analizamos, buscamos diversas alternativas para neutralizarlo, evaluamos cada una para encontrar sus pros y sus contras.

- ➤ Con la *Rabia* eliminamos las alternativas malas, las que son mentira, las que no nos llevarán a ninguna parte.

- Con el *Orgullo* tomamos una decisión: optamos por la mejor alternativa.

- Con el *Amor* la ponemos en práctica, para arreglar el problema, para estar todos mejor.

- Una vez solucionado el tema, con la *Alegría* disfrutamos de la nueva situación.

B) Conocemos a una persona nueva.

- Utilizamos el *Miedo* para hacer un diagnóstico de la persona, detectando qué tiene de sano, de auténtico y qué de enfermo, de falso.

- Sentimos *Tristeza* por lo enfermo, y pasamos a ocuparnos de ayudarle a sanar esta parte.

- Con la *Rabia* contenemos las posibles manipulaciones, mentiras, malas artes, que quiera emplear con nosotros.

- Sentimos *Orgullo* por lo que de sano y auténtico hemos detectado en la persona.

- Con el *Amor* protegemos todo eso sano, lo hacemos crecer y nos unimos a ello, compartiéndolo.

- Con la *Alegría* disfrutamos de nuestra nueva amistad.

TEST DE LAS EMOCIONES

Como ya dijimos, la forma básica de mejorar y crecer como personas es perfeccionar nuestro uso de cada emoción, de manera que cada vez utilicemos emociones auténticas más tiempo. Como en todo cambio, lo primero es tomar conciencia de dónde fallamos. Para ello es muy útil el test creado por Preciada que se presenta en las próximas páginas; en él se describen numerosas situaciones y se pide determinar qué emoción, entre las seis auténticas, suscita cada situación en el lector.

Imagina que...   *¿qué sentirías?*

1. No te queda dinero con que cubrir tus gastos de supervivencia.

2. Vas a tener que respirar aire contaminado.

3. Te expones a ser contagiado por algún enfermo.

4. Vas a tener que convivir obligatoriamente con personas que manipulan a los demás.

5. Tienes que ir a un lugar donde sabes que pierdes el equilibrio, la paz.

6. Te das cuenta de que estás invadiendo el territorio o las pertenencias de otra persona.

7. Te das cuenta de que estás manipulando a otro ser humano.

8. Te das cuenta de que estás obligando a tu hijo a renunciar a una parte viva de sí mismo.

9. Vas a tener que encontrarte con una persona adulta que te va a convencer de que te necesita para vivir.

10. Te proponen un puesto de trabajo magníficamente pagado pero donde deberás ser diferente de lo que eres (perder facultades).

11. Sabes resolver un problema pero no dispones de datos ni de instrumentos para hacerlo.

12. Te das cuenta de que cuando eras niño, estabas más entero que hoy.

13. Descubres que estás sosteniendo una cultura y un entorno que se basan sobre tópicos alejados de la verdad y de la vida.

14. Te salen arrugas en la cara.

15. Estás enfermo y debes guardar cama durante dos meses.

16. Pierdes el avión que debería llevarte de vacaciones.

17. En tu trabajo, puesto que sabes hacer algo mejor que otros, te especializan en esa tarea.

18. Ves un documental sobre el hambre en África.

19. Adviertes a un amigo de un peligro, pero no te hace caso.

20. Repites muchas veces la misma tarea de la misma forma.

21. Pierdes la oportunidad de sacar a bailar a alguien que te gusta.

22. Tratan a un compañero peor que a otro que tiene calificaciones parecidas a las suyas.

23. Dices algo interesante, pero los que te rodean no te prestan atención y siguen hablando de lo suyo.

24. Un amigo te miente, te engaña y tu socio te traiciona.

25. Haces un trabajo magnífico y tu superior se empeña en modificarlo alegando que así los demás lo aceptarán mejor.

26. Tu empresa pierde un cliente porque alguien dijo maledicencias de vosotros.

27. La cultura que te rodea se basa en abusos y mentiras.

28. Te culpabilizan y te manipulan.

29. Estás maravillosamente bien con tus amigos y llega alguien que introduce tensiones entre vosotros.

30. Se meten en tu vida y te enjuician aduciendo que es porque te quieren.

31. Alguien se empeña en darte consejos que no has pedido.

32. Te muestran una obra de arte magnífica.

33. Realizas una creación espléndida y decides mostrarla a los demás.

34. Tu hijo te supera y te gana.

35. Un amigo te gana en una competición.

36. Te inician en una ciencia de vanguardia.

37. Logras recuperar tu peso ideal (antes estabas muy grueso).

38. Piden tu consejo porque te valoran y te hacen caso.

39. Eres el objeto de admiración y respeto de los mejores.

40. Descubres los secretos de un enigma.

41. Asistes a un concierto maravilloso y conoces al artista.

42. Ganas porque eres el mejor.

43. Conoces a una persona fabulosa que te hace sentir muy cómodo.

44. Te aceptan por lo que eres, aunque te equivoques.

45. Conoces una persona con quien puedes recuperar tu equilibrio y tu paz.

46. Alguien que te gusta te quiere.

47. Tomas una decisión difícil (de ruptura) y encuentras el apoyo de alguien.

48. Alguien cree en ti y te protege.

49. Alguien te enseña a protegerte mejor.

50. Alguien que antes no conocías te enseña a conocerte mejor.

51. Alguien te enseña a amarte más.

52. Alguien es tu amigo y no te falla.

53. Alguien te muestra que cometiste un error y te enseña a corregirlo.

54. Alguien te enseña a ayudar mejor a los demás.

55. Vives una experiencia de Dios.

56. Haces el amor con alguien que amas.

57. Te sientes en comunión con la naturaleza.

58. Miras a un animal gracioso y juguetón.

59. Bailas con alguien que te gusta.

60. Te vas de vacaciones con tu gran amor, sin llevar a nadie más, en unas vacaciones de un año (vuelta al mundo).

61. Logras quitarte pesos muertos de encima.

62. Adquieres auténticas certezas y descubres verdades importantes.

63. Te sientes sereno y en paz contigo mismo.

ANÁLISIS DE LAS RESPUESTAS AL TEST

Situaciones de MIEDO

Las situaciones del 1 al 9 son estímulos adecuados para el MIEDO.

Analizamos a continuación errores frecuentes, al reaccionar en estas ocasiones utilizando una emoción distinta y falsa.

Tristeza en vez de Miedo

En la situación número 1 ["No te queda dinero con que cubrir tus gastos de supervivencia"]: con *Tristeza*, damos por inevitables las pérdidas derivadas de no poder cubrir los gastos de supervivencia —nos echarán de casa, nos cortarán la luz, etc.—, y nos ponemos a buscar salidas a partir de ahí. Con *Miedo* —lo correcto— percibimos la amenaza de que ocurran y tratamos de evitarlas (pidiendo dinero prestado, negociando con el casero un aplazamiento, etc.).

En la situación 6 ["Te das cuenta de que estás invadiendo el territorio o las pertenencias de otra persona"]: con *Miedo* —lo procedente—, en cuanto detectamos el mal que estamos haciendo nos paramos en seco y damos un paso atrás, dejando de invadir y tomando buena nota para que no vuelva a pasar. Luego nuestra invasión era involuntaria. Con *Tristeza* asumimos nuestra mala acción, lo vemos como inevitable —"siempre hago lo mismo"—. En el fondo estamos convencidos de ser depredadores sin remedio.

Rabia en vez de Miedo

En la situación 2 ["Vas a tener que respirar aire contaminado"]: con *Miedo* —lo apropiado— percibimos el peligro y tomamos precauciones (por ejemplo, llevando una máscara antigás). Con *Rabia* nos dedicamos a buscar al culpable de lo que ocurre, olvidando el remedio: la protección.

En la situación 4 ["Vas a tener que convivir obligatoriamente con personas que manipulan a los demás"]: con *Miedo* somos conscientes del peligro, por lo tanto nos armamos y preparamos mentalmente para estar muy atentos a la actuación de los manipuladores y no caer en sus trampas. Aún no hay manipulación, luego la *Rabia* es precipitada, y actúa en realidad contra un fantasma en nuestra cabeza.

Orgullo en vez de Miedo

En la situación 2 ["Vas a tener que respirar aire contaminado"]: en vez de tomar precauciones —que es lo que pide el *Miedo*—, si utilizamos el *Orgullo* obramos con temeridad, como si no hubiera peligro alguno —"A mí no me va a pasar nada, tengo los pulmones blindados"—.

En la situación 7 ["Te das cuenta de que estás manipulando a otro ser humano"]: con *Miedo* en cuanto nos damos cuenta paramos y pedimos perdón, luego era involuntario. Con *Orgullo* lo vemos bien, nos sentimos superiores al otro y seguimos haciéndolo, voluntaria y conscientemente.

Amor en vez de Miedo

En la situación 9 ["Vas a encontrarte con una persona adulta que te va a convencer de que te necesita para vivir"]: ¿hemos de sentir *Amor*? ¿nos está dando *Amor* el otro? ¿nos está creando un espacio seguro para que seamos nosotros mismos? ¿o nos está poniendo unos grilletes que dificultarán nuestras libres elecciones en el futuro? Si es así, supone una amenaza a nuestra libertad, y al percibirla sentimos *Miedo* y tomamos precauciones (por ejemplo, dejando de manifiesto que nadie necesita a otro para vivir).

Alegría en vez de Miedo

En la situación 3 ["Te expones a ser contagiado por algún enfermo"]: si actuamos con *Alegría,* lo tomamos como una ocasión fantástica para experimentar algo nuevo y excitante, un juego que hará aflorar nuestro destino. Es una forma de inconsciencia, de no ver el peligro. Obviamente con *Miedo* lo que hacemos es tomar las precauciones sanitarias a nuestro alcance.

Situaciones de TRISTEZA

Las situaciones del 10 al 21 son estímulos adecuados para sentir TRISTEZA.

Algunos errores habituales, ejemplos de emociones falsas que reemplazan a la *Tristeza*:

Miedo en vez de Tristeza

En la situación 14 ["Te salen arrugas en la cara"]: si lo vemos como una pérdida —*Tristeza, lo adecuado*—, buscamos los remedios disponibles: cosméticos, masajes, etc. Si nos da *Miedo,* lo estamos tomando como síntoma de males mayores —quizá un rápido deterioro físico, una grave enfermedad— ante los que nos sentimos impotentes y nos quedamos paralizados.

En la situación 19 ["Adviertes a un amigo de un peligro, pero no te hace caso"]: habíamos sentido *Miedo* por nuestro amigo anteriormente, al percibir el peligro que le acechaba. Entonces analizamos el caso y vimos qué podíamos hacer para evitarlo: advertirle. Al rechazar el consejo, nuestro amigo se pierde la ocasión de evitar algo malo, luego hemos de sentir *Tristeza* por él.

Rabia en vez de Tristeza

En la situación 11 ["Sabes resolver un problema pero no dispones de datos ni de instrumentos para hacerlo"]: sentir *Rabia* está fuera de lugar, pues ¿dónde está la injusticia? Se trata de una carencia, de algo que nos falta, eso ha de ocasionar *Tristeza*.

En la situación 18 ["Ves un documental sobre el hambre en África"]: ver dolor ajeno es una causa fundamental de *Tristeza* —compasión—, y ocasiona que nos preguntemos qué podríamos hacer para paliarlo. Como resultado de este análisis, podemos descubrir malas actuaciones e injusticias, que combatiremos con *Rabia*. Así pues, primero *Tristeza*, después *Rabia*. No al revés. Otro ejemplo: somos testigos de un atropello en el que el conductor causante se da a la fuga. Hemos de elegir entre asistir al herido *(Tristeza)* o perseguir al culpable *(Rabia)*. ¿Qué es primero? Ayudar al herido. De forma general, la *Tristeza* nos sirve para superar la pérdida actual, la *Rabia* para erradicar su causa, de forma que no vuelva a suceder.

Orgullo en vez de Tristeza

En la situación 10 ["Te proponen un puesto de trabajo magníficamente pagado pero donde deberás ser diferente de lo que eres (perder facultades)"]: podemos sentir *Orgullo* por lo bien pagado, pero eso no es estatus auténtico. Lo que nos hemos de preguntar es si este trabajo nos va a permitir crear o nos va a hacer crecer. En caso contrario —pérdida de facultades— hemos de sentir *Tristeza*.

Alegría en vez de Tristeza

En la situación 15 ["Estás enfermo y debes guardar cama durante dos meses"]: ¡qué bien, así no tengo que ir a trabajar! ¡es un regalo del cielo, qué *Alegría*! ¿Tanta *Tristeza* tienes en tu vida que has de enfermar para poder disfrutar?

Situaciones de RABIA

Las situaciones del 22 al 31 son estímulos adecuados para la RABIA.

En los siguientes casos la emoción empleada no es la apropiada:

Miedo en vez de Rabia

En la situación 25 ["Haces un trabajo magnífico y tu superior se empeña en modificarlo alegando que así los demás lo aceptarán mejor"]: si aceptamos los cambios —que no mejoran el trabajo sino todo lo contrario— es por *Miedo* a que el jefe se enfade, nos tome por rígidos o indisciplinados, etc. En realidad estamos devaluando nuestro propio trabajo, lo que deberíamos evitar. Con *Rabia* auténtica —nunca colérica— decimos ASÍ NO a los cambios propuestos y luchamos por la integridad de nuestro trabajo.

En la situación 27 ["La cultura que te rodea se basa en abusos y mentiras"]: si, al percibir abusos y mentiras, sentimos *Miedo*, vamos a protegernos, poniéndonos a la defensiva y tratando de que no nos afecte a nosotros. Si, como debe ser, sentimos *Rabia*, enfrentamos la situación, lo que hace posible que ésta llegue a cambiar para todos.

Tristeza en vez de Rabia

En la situación 23 ["Dices algo interesante, pero los que te rodean no te prestan atención y siguen hablando de lo suyo"]: en caso de sentir *Tristeza*, llegamos a creernos que, en realidad, lo que decimos no tiene interés, que somos nosotros los equivocados. Con la *Rabia* —lo adecuado aquí— rechazamos el desprecio del que somos objeto y reclamamos la atención merecida.

En la situación 28 ["Te culpabilizan y te manipulan"]: con *Tristeza* asumimos la culpa y caemos en la manipulación. Si sentimos *Rabia*, por el contrario, la rechazamos por falsa e injusta, poniendo en su sitio al verdadero culpable.

Orgullo en vez de Rabia

En la situación 26 ["Tu empresa pierde un cliente porque alguien dijo maledicencias de vosotros"]: si reaccionamos con *Orgullo* —"él se lo pierde, si se deja manipular por nuestros competidores es que no nos merece como proveedores, no vamos a gastar ni un minuto en intentar convencerle"— nunca aclaramos la situación ni ponemos a los calumniadores en su lugar, y, por supuesto, nos quedamos sin cliente.

Amor en vez de Rabia

En la situación 24 ["Un amigo te miente, te engaña y tu socio te traiciona"]: si reaccionamos con *Amor,* disculpamos las mentiras del amigo —"no me importa que me engañe, es mi amigo y le debo mucho"—, con lo que éste lo seguirá haciendo impunemente. Con la *Rabia* le hacemos ver con claridad que ASÍ NO nos interesa su amistad.

En la situación 30 ["Se meten en tu vida y te enjuician aduciendo que es porque te quieren"]: lo primero aquí es ver que no nos están dando *Amor* —el *Amor* es un espacio seguro donde podemos ser nosotros mismos—, en realidad nos intentan manipular en nombre del *Amor*, y, como ante toda mentira y manipulación, hemos de reaccionar con *Rabia*.

Alegría en vez de Rabia

En la situación 29 ["Estás maravillosamente con tus amigos y llega alguien que introduce tensiones entre vosotros"]: empleando *Rabia* rechazamos al intruso y seguimos disfrutando de nuestros amigos. Por el contrario, si sentimos *Alegría* nos volcaremos en el recién llegado como si fuera enviado por los dioses, anteponiéndolo a nuestros amigos y destruyendo la anterior armonía.

Situaciones de ORGULLO

Las situaciones del 32 al 42 muestran estímulos adecuados para sentir ORGULLO.

Algunos ejemplos de emociones falsas utilizadas en vez de *Orgullo*:

Miedo en vez de Orgullo

En la situación 39 ["Eres el objeto de admiración y respeto de los mejores"]: si nos da vergüenza y sentimos que no somos merecedores de admiración, estamos sintiendo *Miedo* a destacar. Por el contrario, lo adecuado es sentir *Orgullo*, pues los demás tienen la capacidad de juzgar nuestros méritos y han decidido admirarnos.

Tristeza en vez de Orgullo

En la situación 32 ["Te muestran una obra de arte magnífica"]: si nos ponemos a criticarla porque no la entendemos a la primera, porque se sale de lo estándar, o directamente porque se reclama grande, estamos utilizando la *Tristeza*. Si miramos con ojos limpios y la admiramos, y a su autor, estamos sintiendo *Orgullo*.

Rabia en vez de Orgullo

En la situación 34 ["Tu hijo te supera y te gana"]: la *Rabia* está fuera de lugar, ya que el hijo no comete ninguna injusticia al superar al padre, no vulnera ningún derecho del padre. Al contrario, ver a nuestro hijo superarnos ha de ser motivo de admiración, de *Orgullo*.

Amor en vez de Orgullo

En la situación 38 ["Piden tu consejo porque te valoran y te hacen caso"]: sentir *Amor* en vez de *Orgullo* equivale aquí a pensar que nos piden consejo porque nos quieren, no porque lo merezcamos por nuestra sabiduría.

En la situación 41 ["Asistes a un concierto maravilloso y conoces al artista"]: conocer a un gran artista es un honor, un motivo inequívoco de *Orgullo*. A un gran artista le admiramos, pero no nos unimos a él ni nos lo llevamos a casa.

Alegría en vez de Orgullo

En la situación 37 ["Logras recuperar tu peso ideal (antes estabas muy grueso)"]: ¿has recuperado tu peso por casualidad? ¿te despertaste un día y ya no te sobraba ni un kilo? Entonces sí has de sentir *Alegría*. Si, por el contrario, has perdido los kilos de más siguiendo una dieta con tesón, es un logro meritorio, y has de sentir *Orgullo*.

En la situación 40 ["Descubres los secretos de un enigma"]: sentir *Alegría* significa que lo descubrimos por azar, y no mediante un arduo trabajo de investigación. Sentir *Orgullo* es reconocer nuestro mérito.

Situaciones de AMOR

Las situaciones del 43 al 52 representan estímulos adecuados para sentir AMOR.

Ejemplos de respuestas erróneas ante estas situaciones:

Miedo en vez de Amor

En la situación 46 ["Alguien que te gusta te quiere"]: sentimos *Miedo* si tememos intimar por las consecuencias que pueda tener, desde que descubra aspectos de nosotros que no nos gustan hasta que nos ocasione sufrimiento su no presencia en el futuro. Así nos mostramos tímidos y desconfiados.

Tristeza en vez de Amor

En la situación 43 ["Conoces a una persona fabulosa que te hace sentir muy cómodo"]: si en vez de realizar acciones para unirnos a él y disfrutar de esa compañía —que sería lo lógico, *Amor*— nos resignamos a perderlo, no haciendo nada que denote nuestro interés, estamos demostrando *Tristeza*. En el fondo creemos que no lo merecemos, que no es para nosotros.

Rabia en vez de Amor

En la situación 50 ["Alguien que antes no conocías te enseña a conocerte mejor"]: si actuamos con *Rabia* vemos el hecho como una ofensa —"¿quién es él para decirme nada? ¿qué sabe él de mí?"—, cuando no lo es. Si alguien nos enseña algo o nos ayuda a salir de un error no nos recrimina, nos nutre, nos ayuda a crecer. Nos está dando *Amor*, y no otra cosa merece de nosotros.

Orgullo en vez de Amor

En la situación 44 ["Te aceptan por lo que eres, aunque te equivoques"]: con *Orgullo* pensamos: "me aceptan porque me valoran, por mi valía". Pero, el hecho de que nos acepten pese a nuestras imperfecciones, ¿es mérito nuestro? ¿No es más bien un acto de *Amor* de los otros? El falso *Orgullo* es hacer nuestro algo que no lo es, agradecer es *Amor*.

Alegría en vez de Amor

En la situación 46 ["Alguien que te gusta te quiere"]: si sentimos *Alegría* en este caso, no damos *Amor* a nuestra vez. Esto equivale a creer que el *Amor* es gratuito, que no hay que dar nada a cambio, que es un regalo del cielo que sólo cabe disfrutar. No es así, en el *Amor* hay que dar para recibir, el *Amor* necesita reciprocidad. Si no, estamos utilizando a la otra persona.

Situaciones de ALEGRÍA

Las situaciones del 53 al 63 son estímulos adecuados para sentir ALEGRÍA.

Y estas son algunas respuestas habituales donde no se actúa la emoción correcta, sino una falsa:

Miedo en vez de Alegría

En la situación 60 ["Te vas de vacaciones con tu gran amor, sin llevar a nadie más, en unas vacaciones de un año"]: experimentamos *Miedo* si pensamos cosas como: "seguro que surgen discrepancias estando tanto tiempo juntos; va a conocer muchas cosas mías que no le van a gustar; en los viajes siempre se acaba riñendo". Con estas ideas en la cabeza, lo normal es que no nos entusiasme el viaje e intentemos anularlo. Por el contrario, la *Alegría* es el anticipo del disfrute de los lugares que vamos a visitar, de estar juntos y de conocernos mejor.

Tristeza en vez de Alegría

En la situación 57 ["Te sientes en comunicación con la naturaleza"]: gozar de la naturaleza es pura *Alegría*, ya que realmente se trata de un regalo de Dios. Sentir *Tristeza* en estas circunstancias —"no sé lo que durará sin contaminar; de hecho ya no es lo que era, años atrás estaba mucho más limpio"— es no aceptar el regalo que se nos ofrece en este momento. Claro está que de la *Alegría* de disfrutar hemos de pasar al *Miedo* a perderlo, y tomar entonces las medidas para que no ocurra.

Rabia en vez de Alegría

En la situación 58 ["Miras a un animal gracioso y juguetón"]: alguien que se recrimine por pararse a observar algo gracioso está sintiendo *Rabia* contra sí mismo. Siente que está perdiendo el tiempo, cosa que no se puede permitir.

Orgullo en vez de Alegría

En la situación 61 ["Logras quitarte pesos muertos de encima"]: toda liberación es, antes de nada, motivo de *Alegría*. Sólo cuando sucede tras un plan elaborado y trabajado por nosotros, en el que hemos puesto nuestro esfuerzo y conocimientos y en el que hemos asumido riesgos, podemos sentir *Orgullo*.

Amor en vez de Alegría

En la situación 55 ["Vives una experiencia de Dios"]: la *Alegría* no es *Amor,* es verdad. Cuando Dios se nos manifiesta, se nos manifiesta LA VERDAD más absoluta, y lo vivimos como iluminación, como un don, un regalo. Además nos da paz, *Alegría* en suma.

En la situación 56 ["Haces el amor con alguien que amas"]: dentro de una relación de *Amor*, el sexo nos hace acceder a algo más —*Alegría*—, nos pone en contacto con el fluir de la vida. Es innegable que todos sonreímos y reímos en esa situación.

ESTRUCTURA INNATA DEL SER HUMANO

Como señalamos en la introducción de este libro, uno de los descubrimientos geniales de Preciada, y uno de los fundamentos del MAT, es que el ser humano tiene una estructura de personalidad de seis dimensiones. Todos contamos con seis estructuras en las cuales residen todas las capacidades y habilidades posibles en una persona. Esta estructura es innata, e igual en todos. Al nacer, todos sus componentes funcionan al máximo nivel, aunque después no siempre sucede así. Es importante decir que las capacidades innatas nunca se pierden; aunque tengamos alguna oxidada (por falta de uso), ahí sigue estando para cuando queramos desarrollarla. Cada una de nuestras seis estructuras está especializada en un área, para así poder llevar a cabo sus funciones de forma óptima. Absolutamente todo lo que hacemos, pensamos o sentimos ocurre utilizando una de estas seis estructuras.

Cada estructura está ligada a una *emoción*, que es la energía que la alimenta, que la activa, y contiene todas las habilidades necesarias para permitirnos realizar las acciones que nos aseguren alcanzar la finalidad de dicha emoción.

Así, tenemos:

✓ **Rector** + *Miedo* tienen como fin la SEGURIDAD.

✓ **Sintetizador** + *Tristeza* tienen como fin el DESARROLLO.

✓ **Vitalizador** + *Rabia* tienen como fin la JUSTICIA.

✓ **Transformador** + *Orgullo* tienen como fin el ESTATUS

✓ **Protector** + *Amor* tienen como fin la PERTENENCIA.

✓ **Orientador** + *Alegría* tienen como fin la PLENITUD.

Por ejemplo, cuando percibimos un peligro **sentimos** *Miedo*, y eso pone en funcionamiento nuestro RECTOR, la estructura adecuada para poner límites y defendernos. De igual manera, cuando vivimos una pérdida **sentimos** *Tristeza*, lo cual activa el SINTETIZADOR, que nos permite buscar soluciones y alternativas a dicha pérdida. Una descripción tan precisa de cómo afectan las emociones al comportamiento humano es otra de las aportaciones fundamentales del MAT.

La estructura innata de personalidad está compuesta por tres grupos. El primer grupo es el llamado SOCIALIZADOR, el cual está integrado por dos estructuras y nos permite convivir con los demás, compartir nuestro tiempo y espacio con otras personas de la forma más provechosa.

El SOCIALIZADOR es un almacén de creencias. Algunas son innatas, otras provienen de lo que nos inculcaron nuestras figuras parentales (padres, hermanos mayores, profesores, etc.) y otras las vamos estableciendo de continuo en base a nuestra propia experiencia. Constituyen nuestras convicciones sobre nosotros mismos, sobre los demás, sobre el mundo en general, y rigen nuestra recta conciencia; lo que, a nuestro juicio, hay o no hay que hacer. El SOCIALIZADOR consta de dos estructuras contrapuestas y, a la vez, complementarias: el RECTOR y el PROTECTOR.

El RECTOR nos permite *poner límites* a la invasión propia y ajena de los territorios propios y de los demás, para que la vida pueda fluir armónicamente para todos. Por otro lado, el PROTECTOR hace posible *establecer las confluencias* indispensables para que la solidaridad y la colaboración entre todos nos proporcionen metas e intereses en común.

Como vemos, se trata de dos estímulos contrarios y ambos necesarios: una fuerza que *frena,* que erige barreras y una fuerza que *impulsa,* que da permisos y alienta. Por decirlo así, están en pugna permanente dentro de nosotros; cuál prevalezca en cada momento dependerá de si confiamos o desconfiamos de la persona o situación que se nos presenta, y esto a su vez estará en función de las creencias de nuestro SOCIALIZADOR que la situación actual despierte. Por ejemplo, alguien puede albergar la creencia, nacida de su propia experiencia o de lo que le dijeron, de que los jefes siempre intentan aprovecharse de sus subordinados. Cuando entre a trabajar a una empresa y conozca a su nuevo jefe, automáticamente pondrá distancia y se mantendrá alerta para evitar ser explotado, actitud que, irremediablemente, le hará menos colaborador y constituirá, en sí misma, un inconveniente para la relación.

El MAT representa el SOCIALIZADOR como un triángulo equilátero en equilibrio sobre uno de sus vértices. Sobre el lado superior del mismo podríamos colocar los brazos de una balanza con dos platos en equilibrio, que se llenarán o vaciarán de acuerdo a los estímulos recibidos y a las creencias por ellos activadas.

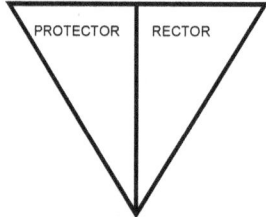

Un adecuado funcionamiento del SOCIALIZADOR depende insoslayablemente de la permanente actualización de sus creencias con la realidad en el aquí y el ahora, a través de nuestro segundo grupo estructural: el CONECTADOR. Éste nos posibilita la conexión con la realidad completa, en todas sus dimensiones, y consta de tres estructuras enlazadas entre sí: el VITALIZADOR, el TRANSFORMADOR y el ORIENTADOR.

El VITALIZADOR nos da acceso a la realidad actual y tangible, a través de nuestros **sentidos**. Nuestras sensaciones, al contacto con nuestras creencias, hacen surgir las **emociones** que, a su vez, alimentan la estructura más acorde para reaccionar adecuadamente. Toda sensación y emoción nace en el

VITALIZADOR, estructura que representa nuestro enchufe a la realidad tal y como es aquí y ahora, permitiéndonos verificar en todo momento que las cosas *son* como nosotros *creemos que son*. Es también función de esta estructura la de inyectar vida a toda nuestra estructura innata de personalidad, proporcionando a cada parte la energía necesaria.

El TRANSFORMADOR nos proporciona los mecanismos para transformar la realidad, convirtiéndola en una mejor para nosotros. Nos convierte en creadores, siendo la estructura que diferencia al ser humano de los animales superiores. El TRANSFORMADOR parte de la realidad actual —que le proporciona la estructura anterior— y la trasciende, al ser capaz de imaginar otras posibles realidades que son mejores, más perfectas. Pues el TRANSFORMADOR tiene la facultad de determinar el grado de grandeza, de perfección, de cualquier cosa.

El ORIENTADOR nos abre la vía para acceder a la realidad menos visible, la del inconsciente personal y colectivo y la espiritual. Nos proporciona la *intuición*, nos permite ir a la esencia de las cosas y reconocer la verdad cuando la encontramos. Sólo a través de esta estructura podemos entrar en contacto con lo trascendente y divino, con ninguna otra es posible. El ORIENTADOR tiene así como función servirnos de *brújula*, dotando de un sentido a nuestra vida que trasciende nuestra historia personal.

Se representa el CONECTADOR como otro triángulo equilátero, cuya base se asienta sólidamente sobre la tierra y conecta con ella.

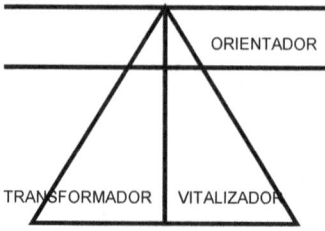

Por último, el tercer grupo estructural está formado por una sola estructura, el SINTETIZADOR, el responsable de las manifestaciones de nuestra *inteligencia*. Es el ordenador más potente y sofisticado que existe, nos brinda la facultad de procesar, archivar y recuperar todo tipo de información: datos, imágenes, sensaciones, emociones, intuiciones, etc. Nos permite analizar cualquier situación, buscar opciones de actuación, compararlas y, así, encontrar soluciones a los problemas. También nos permite aprender, extrayendo conclusiones comunes de las experiencias, haciendo síntesis. Además, el SINTETIZADOR tiene la función de comunicar eficazmente con los demás nuestros análisis de la realidad, nuestras conclusiones y las soluciones que propugnamos.

El SINTETIZADOR es una estructura de enlace, conectada tanto con el SOCIALIZADOR como con el CONECTADOR. La representamos como un círculo.

La figura siguiente muestra la estructura completa de

personalidad del ser humano, integrando las seis estructuras individuales que hemos descrito.

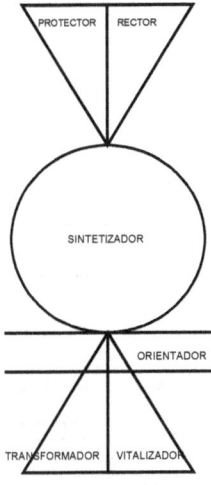
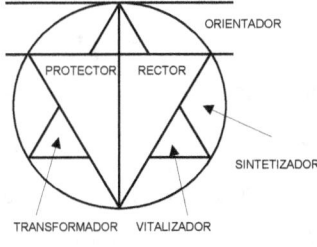

EL RECTOR

El RECTOR es nuestra **policía de fronteras**, su cometido es que nada malo, dañino, inadecuado, entre en nosotros sin ser detectado. Por eso, para que todo funcione bien, el RECTOR está alimentado con la emoción *Miedo*: cuando existe algo peligroso, sentimos miedo, y eso hace actuar al RECTOR. ¿Qué hacen los agentes de fronteras cuando ven algo sospechoso en alguien que quiere entrar en el país? Pues antes de nada le interrogan e investigan hasta comprobar si hay o no motivo de alarma y, una vez determinado esto, actúan en consecuencia. De igual forma procede el RECTOR: ante una señal de alarma —miedo— el RECTOR primeramente diagnostica la situación, es decir, determina si realmente hay peligro o no. Si es que sí, nos defenderemos, nos cerraremos; si es que no, nos abriremos.

Siguiendo con el símil de la policía de fronteras, el RECTOR no sólo vigila que no entre nada malo, sino también que no salga. De igual manera que no exportamos a nuestros malhechores, sino que les juzgamos en el país, no queremos cometer actos que dañen a otros o violen sus derechos, y nuestro RECTOR también se ocupa de que eso no ocurra.

De esta forma, el RECTOR es la estructura que utilizamos para *poner límites,* a nosotros mismos y a los demás, con el fin de preservar nuestro espacio y el de los otros, de forma que la convivencia sea posible mientras cada cual salvaguarda su integridad. Es el garante del orden, y para eso contiene e instaura normas limitativas. Llevado al ámbito colectivo serían las leyes vigentes, que todos estamos obligados a cumplir.

Pero el RECTOR va más allá en su diagnóstico, y en este sentido se parece al taller mecánico donde reparan nuestro coche. Cuando oímos un ruido no habitual en el motor, nos preocupa —miedo— y entonces lo llevamos al taller y allí, antes de nada, disciernen qué ocasiona el ruido y si puede ser dañino para el automóvil. Yendo más allá diríamos que determinan qué está funcionando mal en el coche (y que causa o puede causar en el futuro una avería), pues a veces resulta que el ruido no era nada, pero al inspeccionar el coche, el mecánico encuentra algo que sí es grave. El RECTOR actúa así: ante cualquier situación en que nos encontramos, realiza su valoración de ella, identificando lo que no es bueno, conveniente, ético, y puede suponer una amenaza para nosotros. A todos nos ha pasado que, de repente, nos sentimos mal, algo no identificado nos incomoda; aun sin darnos cuenta ha surgido el miedo al percibir alguna amenaza y ha activado el RECTOR, que nos 'despierta' para localizar dicha amenaza y neutralizarla. Como dijimos anteriormente, Preciada cuenta con un RECTOR perfecto, capaz de hacer los más exactos diagnósticos, y ha sido capaz de traspasar al MAT esta capacidad para que todos podamos aprenderla.

Para llevar a cabo su función —proporcionarnos SEGURIDAD—, el RECTOR cuenta con una lista de las situaciones que hay que evitar, como si fueran multitud de fichas de peligro de las que vemos en las instalaciones eléctricas conminándonos a no acercarnos, cada una con la imagen de las tibias y la calavera y su leyenda: por ejemplo, *"cuidado con mostrar tus sentimientos"*. Son nuestras creencias, nuestros principios sobre lo que no hay que hacer ni consentir, parte de nuestro repositorio ético. Estas fichas tienen varias procedencias: unas son innatas, y forman parte del acerbo de la especie; otras nos fueron instauradas por nuestras figuras parentales —padres, hermanos mayores, profesores, etc.— que tanto nos dijeron "eso es peligroso" o "eso no se hace" que se nos quedó grabado; y otras provienen de nuestras propias experiencias pasadas, que utilizamos para prevenirnos en el futuro. El problema es que algunas de las fichas fueron grabadas hace muchos años, y aunque entonces tuvieran sentido —que no siempre es el caso— puede que ahora ya no lo tengan. En consecuencia, para funcionar correctamente, un RECTOR ha de contener un mínimo de estas fichas, siempre provisionales y constantemente actualizadas a medida que tenemos más experiencias y más información sobre la realidad que nos rodea, que está modificándose sin cesar.

Cuando funciona bien, el RECTOR es nuestro guardián ético: digno, prudente, realista, tranquilo y equilibrado. Sin embargo, un RECTOR hinchado está abarrotado de creencias inamovibles, nacidas en el allá y el entonces, sin poner al día y por lo tanto no sustentadas por la realidad actual. Advierte amenazas donde no las hay, coartando nuestro desarrollo al prohibirnos muchas actuaciones sin peligro que nos aportarían ricas experiencias. Por el contrario, un RECTOR debilitado no pone límites, no ve peligros, no nos defiende de situaciones o personas tóxicas —ni de que nosotros actuemos dañando a otros—, lo que también constituye una pesada lacra, ya que nos obliga a pasar por vivencias desgraciadas que pueden tener penosas consecuencias para nosotros.

EL PROTECTOR

Esta estructura es nuestra **agencia de cooperación**, en permanente búsqueda activa de causas que merezcan nuestra colaboración. Es el perfecto contrapunto al RECTOR —que pone límites para que no haya abusos—, ya que el PROTECTOR contiene los valores que nos sirven para nutrir y propagar la vida, animándonos a realizar acciones que fomenten la solidaridad y la unión con los demás. Para cumplir su función de PERTENENCIA, la emoción que alimenta el PROTECTOR ha de ser el *Amor*, pues cuando sentimos amor por alguien o por algo queremos protegerlo, nutrirlo y estar cerca de él o ello.

Para llevar a cabo su cometido, una agencia de cooperación evalúa todos los proyectos que se le proponen, para determinar cuáles son susceptibles de aportar algo bueno, y entonces colabora en éstos para que se hagan realidad. De forma análoga, nuestro PROTECTOR evalúa toda situación, persona o cosa que nos encontramos, señalándonos si hay allí algo que merece la pena, algo que es deseable que exista o suceda. Si es así, establece alianzas, encuentros, *confluencias de todo tipo*. Una vez más, es lo contrario del RECTOR, que nos muestra lo que hemos de rechazar.

Por ejemplo, al conocer una persona nueva, nuestro PROTECTOR nos hará ver qué tiene de bueno, qué nos puede aportar, las razones por las que nos sería deseable mantener una relación con ella. Otro ejemplo: si se nos ofrece participar en un negocio, nos dirá si es realmente una oportunidad, si hemos de seguir adelante. Si es que sí, el PROTECTOR nos lleva a establecer confluencias para poder concretarla, a encontrar los terrenos de entendimiento pertinentes con tal de que la ocasión no se pierda. Así, procuraremos una amistad con la persona que conocimos, o nos asociaremos con quien nos propuso el negocio. En cualquier caso, remarcamos algo que ya señalamos en un capítulo anterior: nuestras uniones nunca han de venir determinadas por las carencias y necesidades —"pobre hombre, qué pena me da, cómo me necesita"—, sino por las bondades y grandezas.

Al igual que la agencia de cooperación, nuestro PROTECTOR está muy centrado en ayudar a los que lo necesitan, empezando por nosotros mismos. Todo proyecto de cooperación digno de ser apoyado ha de demostrar que las acciones propuestas son las más adecuadas para la situación, con énfasis en que las personas receptoras de la ayuda puedan asimilarla y utilizarla (pues de lo contrario los esfuerzos se perderían), e idealmente logrando que no sea necesaria más ayuda en el futuro. El PROTECTOR trabaja también así: determina cuál es la ayuda más conveniente en cada caso, preocupándose mucho de que sirva para hacer crecer, estimulando y alentando al otro de forma que sea ya autónomo y no requiera más ayuda.

La colaboración de la agencia no será igual en todas las causas que se le ofrezcan. Dependerá, precisamente, de la oportunidad de lograr algo bueno que represente cada una. En nuestra vida, el grado de compromiso con cada persona o causa nos lo marca nuestro PROTECTOR, en función de lo que allí veamos de deseable. El primer grado será proteger lo bueno —de ahí el nombre de la estructura—, para evitar que sufra ningún daño; lo siguiente será nutrirlo para que florezca y vaya a más: dar confianza, alentar, motivar; si su importancia es vital, nos entregaremos a ello, le dedicaremos nuestro tiempo y energía, nuestra vida, haciendo propios sus deseos e intereses, anteponiendo su finalidad a la nuestra. La capacidad de entrega es una medida de nuestra calidad humana como personas: el grado en el que estamos dispuestos a pensar en otros antes que en nosotros mismos, a preferir el bien ajeno al propio.

Para determinar hasta qué punto nos volcamos en alguien o algo, cada uno tenemos nuestros criterios —lo mismo que una agencia de cooperación—, que funcionan perfectamente en algunas personas y no tan bien en otras. El MAT nos proporciona en este punto un completo *Sistema de Pertenencia* —cuya descripción se puede encontrar en los libros de Preciada— que permite clarificar estos criterios y hacer elecciones más adecuadas.

De forma similar a lo que señalábamos en el caso del RECTOR, el PROTECTOR, para llevar a cabo sus funciones, se basa en valores y creencias de lo que es deseable, de lo que debemos buscar y proteger cuando lo encontremos. También aquí, para funcionar bien, cuantos menos anhelos tengamos mejor; en realidad los únicos verdaderos y sanos son los que constituyen la finalidad de cada una de nuestras estructuras: seguridad, desarrollo, justicia, estatus, pertenencia y plenitud o felicidad.

Un PROTECTOR que funciona bien es el que trabaja proactivamente buscando oportunidades y sabe evaluar exactamente el mérito de cada una. Como siempre, cuando funciona mal puede ser por exceso o por defecto. Por exceso, es como una agencia de cooperación que aprueba todas las propuestas imaginables, gastando sumas ingentes en causas que no lo merecen, con lo que los fondos se pierden, dejando al país sin recursos para otras cosas necesarias. Por defecto, nos convertiríamos en un país insolidario: o bien decidió cerrar sin más la agencia de cooperación o la mantiene con unos fondos tan bajos que no le permiten dar nada, o ésta funciona de forma pasiva: no busca oportunidades, sólo evalúa las que le son presentadas, y varias veces.

EL VITALIZADOR

Es la estructura que nos conecta con la realidad palpable que existe aquí y ahora. Nos hace estar con los pies en el suelo, nunca mejor dicho, porque es la que rige nuestro cuerpo, y a través de él capta lo que acontece alrededor, utilizando en especial los sentidos. Al mismo tiempo es como un **resorte** que acumula energía y la inyecta a cada estructura en el momento preciso para que realice sus funciones, de ahí su nombre.

El VITALIZADOR nos permite captar la realidad externa e interna de forma objetiva, mediante nuestros sentidos y a través de las emociones que sentimos. Así pues, todas las sensaciones y emociones se generan en él, que a continuación las distribuye entre las seis estructuras (como dijimos, cada estructura tiene ligados una emoción y un sentido). Por ejemplo, cuando surja miedo o haya una sensación táctil, se lo pasará al RECTOR; cuando aparezcan amor o sensaciones visuales, se las pasará al PROTECTOR, etc.

Dado que el VITALIZADOR es la primera estructura en percatarse de lo que sucede, es el llamado a reaccionar ante los estímulos en tiempo real, como el resorte que es, poniendo en marcha los mecanismos adecuados en nuestro cuerpo para hacer frente a la situación, muchas veces de forma refleja. Por ejemplo, vamos conduciendo el coche mientras conversamos con nuestro acompañante y, de repente, el vehículo que nos precede frena, encendiéndose su luz roja trasera. Automáticamente recibimos un toque de atención urgente —que nos centra totalmente en la conducción—, al tiempo que nuestro pie se va solo al freno para evitar el choque. El causante de estas acciones es el VITALIZADOR.

Y como el VITALIZADOR es el resorte que acumula nuestra energía, es el encargado de vitalizarnos, de darnos energía para actuar y vivir. En cualquier situación que podamos imaginar, necesitamos nuestro VITALIZADOR para pasar a la acción, por ejemplo para levantarnos de la cama cada mañana. Un VITALIZADOR en buen o mal estado determina que estemos activos y llenos de energía o bien decaídos y sin ganas de hacer nada. Es una buena forma de ver si nos funciona bien.

La función del VITALIZADOR es la JUSTICIA, y por eso salta como un resorte ante cualquier agresión, desigualdad, mentira o manipulación, denunciándola. Ahora queda claro que para funcionar bien, esta estructura ha de ser alimentada con *Rabia* auténtica. Pero el VITALIZADOR no se queda aquí: para evitar que las injusticias vuelvan a aparecer, se encarga de eliminar sus causas, que mayormente son creencias inadecuadas o no actualizadas. El grado en que reaccionamos efectivamente —no sólo por dentro— ante las injusticias es también una buena medida del funcionamiento de nuestro VITALIZADOR.

Al hablar de las dos estructuras del SOCIALIZADOR, veíamos que la causa principal de su mal funcionamiento es albergar creencias erróneas u obsoletas, y esto es así también con las demás estructuras. Pues bien, el encargado de actualizar estas creencias es el VITALIZADOR, lo cual es normal si pensamos que es quien está en contacto directo con el aquí y el ahora. El VITALIZADOR actualiza nuestras creencias confrontándolas continuamente con la realidad presente. De esta forma logra uno de sus principales cometidos: nos permite verificar si lo que creemos, es; si las cosas, y las personas, realmente responden a la idea que tenemos de ellas. Por ejemplo, podemos pensar que alguien es nuestro amigo —quizá porque él mismo nos lo repite sin cesar—, y sin embargo comprobar que no es así mediante nuestro VITALIZADOR, que percibe lo que dice y hace, su mirada, etc.

Un VITALIZADOR que funciona bien es enérgico, rápido, desenfadado, actualizado y vitalista. Sabe al instante si algo es falso y cómo ha de reaccionar. Cuando funciona mal puede hacerlo por exceso o por defecto. Un VITALIZADOR hinchado reacciona con desmesura, con violencia, y nos hace quedarnos enganchados a quien nos hace algún mal, con rencor y ansia de venganza. Por el contrario, si está desinflado somos inoperantes y nos sentimos culpabilizados. La culpa siempre indica un VITALIZADOR debilitado.

EL TRANSFORMADOR

Es la estructura que nos permite cambiar la realidad actual, creando una mejor. Es la **bombilla** que se enciende en nuestra mente cada vez que tenemos una ocurrencia capaz de mejorar lo presente o de crear lo que deseamos. Siempre que, en cualquier situación, decimos: "esto sería mucho mejor si hiciéramos...", ya hemos creado, utilizando nuestro TRANSFORMADOR para concebir una realidad mejor.

Transformar es cambiar la realidad mediante un proceso. Esto se da continuamente en la naturaleza: la semilla que se convierte en árbol, los átomos que se fusionan para generar energía, etc. El ser humano es el único de la Creación que lo hace conscientemente, gracias a que tiene un TRANSFORMADOR, lo que le distingue de los animales superiores (con quienes comparte las otras cinco estructuras). Las personas llevamos a cabo transformaciones todo el tiempo: vaciamos el tronco de un árbol y ya tenemos una canoa, convertimos el manillar y el sillín de una bicicleta en una genial *Cabeza de Toro* —esto lo hizo Picasso—, etc. También transformamos nuestra forma de hacer las cosas; inventando nuevos métodos, instrumentos y herramientas, creamos un modo nuevo de actuar, más potente. Esto, básicamente, es lo que nos distingue de los animales, y hace que cada vez haya más distancia entre lo que unos y otros podemos alcanzar.

Las aportaciones de Preciada y su marido Leopoldo en el campo de la creación son absolutamente fundamentales. Además de ser ambos creadores geniales, han llegado a desvelar el proceso de la creación con total precisión. Como ella señala: "Todos tenemos un genio dentro, y sólo es cuestión de que le dejemos expresarse".

Al crear, utilizamos el TRANSFORMADOR para *imaginar* —partiendo siempre de la realidad actual que nos suministra el VITALIZADOR—, para representar en nuestra mente lo que aún no existe pero es posible. Es interesante poner de manifiesto que la creatividad, generar ideas originales, no tiene nada que ver con analizar, procesar, lo que normalmente llamamos pensar —como veremos, para eso tenemos otra estructura—, tiene que ver fundamentalmente con *imaginar*. Es la bombilla que se enciende —el TRANSFORMADOR—, lo que nos hace 'tener ideas', ser ocurrentes, ver la situación como nunca antes nadie la había visto, encontrar la solución —normalmente obvia a posteriori— en la que nadie había reparado. Para los que recuerden la serie de televisión *Vicky el vikingo,* en el protagonista tienen un ejemplo perfecto del uso de esta estructura.

Al ser la estructura de la creación, el TRANSFORMADOR es la estructura del arte. Todos los artistas la han de manejar con profusión y destreza, así como los buenos publicistas, guionistas, etc. Concebir el argumento de una película, o de una novela, es otro ejemplo perfecto de uso del TRANSFORMADOR. Pero los hay más cotidianos: cuando vamos a una entrevista de trabajo, anticipando qué nos pueden preguntar y qué vamos a contestar; cuando disfrutamos por adelantado de nuestras vacaciones en el mar, imaginándonos ya en la playa...

La bombilla de nuestro TRANSFORMADOR también se enciende en otro momento: cuando nos quedamos asombrados. Cuando nos encontramos con algo bello, grande, con algo admirable; el TRANSFORMADOR nos lo indica, porque hay 'resonancia' en nosotros: la expresión del ser del otro despierta nuestra facultad de ser. Así, nos faculta para percibir lo que se sale de lo común y, en general, para identificar lo que hay de válido en lo que hacemos nosotros y en lo que hacen los demás. Esto nos conduce a admirar las creaciones y reconocer los logros, ajenos y propios. De esta manera cumple su función, que es el ESTATUS.

Dado que la primera obra de un ser humano es él mismo como persona, el TRANSFORMADOR nos permite hacer de nosotros alguien mejor, transformando lo que éramos. Es decir, nos permite **crecer**, saltar a una dimensión más alta de nosotros mismos que, si se asume, al final nos hace cambiar. Por eso es fundamental, cuando queremos cambiar, *imaginarnos* siendo y actuando de otra manera. Así entendido, crecer siempre implica mudar de certezas, reemplazar nuestras creencias. Esto es muy distinto de desarrollarnos, mejorar, ser más de lo mismo un poco mayor, un poco mejor, aprender a hacer cosas nuevas o las mismas con más destreza. El TRANSFORMADOR nos brinda la posibilidad de dar saltos notables como persona, saltos cuánticos que nos dan acceso a nuevas verdades, a ver la vida y nuestro papel en ella de forma distinta, mucho más rica. Y también así cumple su función de ESTATUS, el que adquirimos al crecer como personas.

La emoción asociada al TRANSFORMADOR, su energía auténtica, es el *Orgullo*. Sintiendo orgullo realizamos todas las funciones descritas en este capítulo de forma óptima, partiendo de cualquier otra emoción no saldrán bien. Es decir, hay que imaginar, descubrir, crear, admirar, crecer, con orgullo.

EL ORIENTADOR

El ORIENTADOR es la **brújula** de nuestra vida, pues la dota de sentido. Esta estructura nos permite captar la realidad no directamente visible, la realidad psíquica y la espiritual. Arroja luz sobre lo oculto, lo ignorado, lo no directamente asequible a la razón, dándonos acceso a nuestro inconsciente y a lo trascendente.

Es nuestra brújula en sentido estricto, ya que nos orienta cuando no tenemos información suficiente —por ejemplo, cuando llegamos a una ciudad desconocida, o a un cruce insuficientemente señalizado— por medio de intuiciones. La *intuición* es un instrumento muy rápido, y muy potente, que nos señala caminos que luego podemos seguir con nuestras capacidades racionales. Es como una luz —un relámpago en la noche— que ilumina la situación un instante, permitiéndonos entrever perspectivas inesperadas, a veces realmente insólitas, que vivimos como pensamientos que 'no sabemos de dónde nos vienen'. Unas veces son corazonadas, presentimientos de que algo va a suceder; otras veces accedemos repentinamente a la explicación de los hechos, al ver nítidamente la finalidad de lo que ocurre, por decir así, descubrimos las verdaderas *intenciones*.

Nuestro ORIENTADOR sabe mucho más de lo que creemos, pues accede a información que no podemos captar con nuestros sentidos ni imaginar. En nuestro inconsciente tenemos una información ingente que esta estructura utiliza, aunque no nos demos cuenta. Así, por ejemplo, nos permite prever lo que va a pasar, ayudándonos a planificar. Las personas buenas para la estrategia —solemos decir que tienen visión de futuro— emplean a fondo su ORIENTADOR. No se puede hacer planes analizando la realidad actual y extrapolando, ni siquiera —aunque ya es un avance— tratando de imaginar cómo podría evolucionar la situación en el futuro. El futuro depende de mutaciones puntuales que aparecen como impredecibles, 'no lógicas', que lo modifican todo de repente.

El ORIENTADOR nos permite disfrutar de las cosas buenas que nos suceden o nos encontramos, fluir, percibir la vida como una sucesión de estados satisfactorios y gozosos que ocurren de forma fácil y natural. Es lo que solemos llamar felicidad, y abarca desde el bienestar de estar vivos hasta la elevación espiritual, pasando por todas las experiencias agradables y todas las formas de placer. Las situaciones de las que se puede disfrutar son innumerables en cualquiera de nuestros días cotidianos, simplemente hemos de estar abiertos y dispuestos. El ORIENTADOR, de esta forma, nos da PLENITUD.

El ORIENTADOR capta la verdad de forma automática, e inmediatamente la reconoce. (Hay que distinguir esto de percibir la mentira y rechazarla, que es cometido del VITALIZADOR.) También en este sentido es nuestra brújula, pues nos dice por dónde ir, qué merece la pena perseguir, pues es verdadero. La verdad, en cualquier ámbito, existe, una y objetiva, y alcanzarla es cuestión de estar en el buen camino y perseverar, pues a menudo tiene muchas capas, más ricas y sofisticadas cada vez, que iremos descubriendo paso a paso.

Es a través del ORIENTADOR como podemos vivir experiencias espirituales, por ejemplo momentos de conmoción religiosa. Empleando palabras de Ralph Waldo Emerson: "En nuestros momentos más elevados somos una visión. Vemos la Identidad y percibimos que la Verdad y la Justicia existen, y de saber que todas las cosas irán bien surge la **Paz** perfecta". Todos los seres humanos sentimos un gran anhelo de trascender, de elevarnos más allá del universo material y de nosotros mismos. Sin embargo, hay personas que nunca han entrado en contacto con ello y otras que, por el contrario, lo convierten en guía de su existencia. Así, también, cumple el ORIENTADOR su función de PLENITUD.

El ORIENTADOR, como las demás estructuras, puede funcionar mal por exceso o por defecto. Sin profundizar en ello, señalaremos que el pensamiento mágico, esotérico, es señal de un ORIENTADOR inflado. Por el contrario, el ateísmo es un ejemplo de ORIENTADOR disminuido.

La emoción auténtica ligada al ORIENTADOR es la **Alegría**. Con *alegría* disfrutamos de la vida, nos sentimos fluir, buscamos la verdad, estamos abiertos a lo nuevo, etc.

EL SINTETIZADOR

Es nuestro **ordenador de a bordo**, el más perfecto supercomputador que existe en este mundo. Nos permite archivar, recuperar y procesar todo tipo de información, incluyendo datos, ideas, imágenes, sensaciones, emociones, imaginaciones, intuiciones, etc. Es decir, todo tipo de información surgida de cualquiera de nuestras estructuras. Es lo que comúnmente llamamos 'la razón', la mente racional, el hemisferio izquierdo de nuestro cerebro.

El SINTETIZADOR es responsable de nuestra *inteligencia* y de sus manifestaciones. Esto incluye entender lo que nos ocurre, manejar la memoria, así como la capacidad de analizar situaciones y procesar todos los tipos de información para buscar soluciones a nuestros problemas. De todos los procesos mentales, destacamos el de lograr una síntesis, una conclusión, por su dificultad y mérito; ésta es la mayor aportación de esta estructura y de ahí su nombre. Es la manera que tenemos de aprender y mejorar gradualmente, que es lo que llamamos DESARROLLO, la finalidad del SINTETIZADOR.

La primera manifestación de inteligencia es entender nuestro entorno, comprender lo que pasa a nuestro alrededor. Para ello, el SINTETIZADOR es capaz de manejar ideas, conectando datos de la realidad tangible —que le proporciona el

VITALIZADOR— con éstas, lo que le permite reconocer qué es cada cosa, y aplicando luego las leyes de la lógica —como la ley de la causalidad— para racionalizar lo que sucede. También es signo de inteligencia el entender lo que otros nos dicen mediante un idioma u otro lenguaje, extrayendo el significado de los símbolos, sean orales, escritos, etc. Y, claro está, la comunicación: siempre se ha tenido por inteligente a la persona que se expresa bien, de forma precisa y fácilmente entendible. Todo lo que hace referencia al uso de lenguajes, que no a su creación, está en el ámbito del SINTETIZADOR.

Comparados con el SINTETIZADOR, los ordenadores que conocemos hoy en día son limitadísimos, aunque tratan de imitar sus funciones. Por ejemplo, con la memoria: el SINTETIZADOR se encarga de seleccionar la información que merece la pena ser guardada, en base a su relevancia para el futuro. Para esto tiene sus criterios, basados en la importancia que cada cual da a cada una de sus estructuras. Así, alguien muy racional y poco emotivo despreciará los datos provenientes del VITALIZADOR, y apenas almacenará información sobre sus emociones. Dicho de otro modo, archivamos —y luego recordamos— lo que utilizamos más a menudo. Por ejemplo, las personas sensoriales recuerdan muchas sensaciones, las emocionales muchas emociones y las racionales muchos datos. Todos los estudios muestran, sin embargo, que la capacidad de memoria del ser humano es impresionante, aunque normalmente sólo una fracción de ella es aprovechada.

La emoción auténtica que ha de alimentar esta estructura es

la *Tristeza*. Sentimos tristeza ante una pérdida, un problema, algo que va mal y que nos hace estar peor que antes de aparecer. En esos momentos hemos de recurrir a nuestra inteligencia, es decir, a nuestro SINTETIZADOR, pues sólo así encontraremos solución a los problemas y saldremos de las situaciones indeseables. En su búsqueda de una solución, el SINTETIZADOR es capaz de analizar cualquier situación, aunque no sea real, relacionando y procesando todos los datos de que dispone —bien sea porque le son proporcionados en el momento o porque los recupera de la memoria— hasta encontrar distintas alternativas de actuación. Luego compara las distintas alternativas, sopesando qué tiene cada una de bueno y de malo, para quedarse con la mejor, la que produce los mejores resultados con el mínimo de recursos. Así, hasta encontrar la solución definitiva, la que elimina el problema que originó la necesidad de recurrir al SINTETIZADOR.

De esta forma, el SINTETIZADOR cumple su función de DESARROLLO, pues los seres humanos avanzamos y mejoramos a base de superar obstáculos y solucionar los problemas con que nos vamos encontrando. De hecho, como señala Preciada siempre que hay un contratiempo: "Para una persona inteligente toda pérdida es una magnífica oportunidad de aprender y mejorar". De ahí la frase "aprendemos de nuestros errores": analizando la pérdida descubrimos su causa y la evitamos en el futuro, ya funcionamos un poco mejor que antes.

La forma más fácil de evaluar el SINTETIZADOR de una persona es observar su forma de expresarse, de hablar y de preguntar, pues es capital para el SINTETIZADOR dotarse de toda la información que necesita, así como verificar la exactitud de la misma, y eso lo logra preguntando. Cuando funciona de forma óptima emplea información de las seis estructuras, no sólo datos racionales, y así logra ser claro, rápido, ordenado y riguroso. Por el contrario, un SINTETIZADOR defectuoso hace que la persona sea confusa, espesa, pesada en sus exposiciones y superficial.

LAS TIPOLOGÍAS DE PERSONALIDAD

¿QUÉ SON LAS TIPOLOGÍAS?

En el momento de la concepción, todos somos creados como seres únicos e irrepetibles, con cada uno de nosotros se rompe el molde. De hecho, durante toda nuestra vida, mientras somos nosotros mismos somos especiales, todos, precisamente porque somos únicos. Sin embargo, debido al tiempo que pasa en el vientre de su madre durante el embarazo, ya desde el nacimiento ese ser humano único se encuentra enmarcado en una tipología de personalidad que, como vamos a ver, constituye su prisión mientras no sea capaz de librarse de ella. La tipología es una cárcel porque coarta nuestra libertad, al limitarnos las opciones elegibles. ¿Cuántas veces hemos dicho —o pensado—: "sé que debería hacer tal cosa, pero no soy capaz"? Lo que nos lo está impidiendo es nuestra tipología.

La tipología constriñe nuestro ser único y libre en seis moldes estándares, angostos. Nos creemos muy originales y personales, pero actuamos y nos mostramos cortados por el mismo patrón —uno entre seis—. Como suele comentar Preciada, es muy

129

curioso cómo alguien te dice, en un aparte: "te voy a contar unas intimidades..." y entonces va y te suelta toda la descripción de lo que le ocurre a su tipología, con pelos y señales. Él lo ve como **su** forma de ser, única, pero no es así: mientras estamos en la tipología somos muy previsibles.

El MAT ha descubierto que existen seis tipologías, y que todos los seres humanos nacemos con una de ellas. Cada tipología está definida por varias desconexiones emocionales —su ecuación emocional—. Las emociones, como hemos visto, intervienen en todos los aspectos del comportamiento de la persona, y esto delimita una visión del mundo que comparten todas las personas de la misma tipología. La tipología a la que pertenecemos influye en nuestro carácter (lo que se suele llamar nuestra forma de ser), pero no sólo eso, ni mucho menos. Está demostrado que las emociones —y, por tanto, la tipología— condicionan nuestro sistema neuroendocrino, de forma que nuestros rasgos físicos, la manera de movernos, la forma de las manos, lo agudizados que tenemos los diferentes sentidos, todo está influido por la tipología, y por todo ello la podemos reconocer.

No hay tipologías buenas y malas, las seis son prisiones estereotipadas —cada una con sus características diferenciales— en las que vive encerrado nuestro ser, libre y único por naturaleza. En todas ellas hay ejemplos de personas excelentes y otras execrables. La tipología nunca cambia en una misma persona: nacemos con ella y la hemos de soportar de por vida, salvo que seamos capaces de superarla, en cuyo caso viviremos en auténtica libertad. Por otro lado, dentro de una misma tipología sí hay distintos estadios (que en el MAT se llaman *fases*, y no serán tratados en este libro), unos mejores que otros. La fase define cómo nos hallamos dentro de la tipología, y sí cambia —o puede cambiar— a lo largo de nuestra vida. Conviene resaltar que todos los sesgos de una tipología son superables; estemos como estemos en un momento dado, nada nos impide mejorar continuamente y llegar a ser personas extraordinarias. El MAT, determinando la tipología y la fase de cada uno, nos señala cómo somos actualmente y nos marca con claridad el camino del perfeccionamiento.

Como decíamos, cada tipología está definida por una ecuación emocional, que contiene:

✓ Una emoción *hinchada* o **emoción tipológica**: es la que más marca, la preponderante en la persona, la más visible desde fuera. Si recordamos lo que es una emoción hinchada, veremos que la persona experimenta esta emoción siempre que hay motivo real y muchas otras veces que no lo hay. Lo siente como lo más importante para él, los otros lo ven como su obsesión, como algo a lo que da excesiva importancia (salvo los de la misma tipología, claro).

✓ Una emoción *desconectada*: la persona no emplea esta emoción, siempre que hay estímulos adecuados para ella, siente otra. En la mitad de los casos sentirá su emoción hinchada tipológica, en la otra mitad sentirá Rabia.

✓ Una emoción *prohibida*: tampoco la emplea, le cuesta muchísimo acceder a ella, a la que más. A menudo la desvía al Miedo, aunque en cada fase dentro de la tipología, la emoción prohibida es cambiada por otra.

La fase de superación de las desconexiones tipológicas se llama la *Conexión*. Cuando una persona está conectada maneja todas sus emociones de forma auténtica, habiendo recuperado sus potenciales ocultos, de forma que:

✓ Su emoción *hinchada* es ahora su **competencia**. El MAT define la competencia como *"destreza adquirida en la niñez y desarrollada a lo largo de toda la vida que sirve para conseguir aceptación y estatus"*. Es lo que más entrenado está para hacer, un área que domina, en la que ha invertido mucho tiempo hasta llegar a ser un maestro.

✓ Su emoción *desconectada* se convierte en su **talento**, que el MAT define como *"capacidad innata que constituye la expresión de la base y fundamento del ser integral y que produce un incremento notabilísimo de la capacidad de innovación y de crecimiento"*. Es su ámbito de genialidad, el área donde más de esperar son aportaciones geniales. En el día a día, esta emoción ha de ser el punto de apoyo de la persona, de lo que debería fiarse siempre.

✓ Su emoción *prohibida* se revela como su **vocación**, que el MAT define como *"excelencia exclusiva de cada* *persona que le confiere su plenitud y su potencia máximas y que moviliza su capacidad de entrega y compromiso"*. Es lo que de verdad le llena y le interesa, aunque nunca se lo ha permitido. Cuando lo descubre, es lo que más le motiva, le dedicaría todo su tiempo.

Un símil: una persona estudia medicina porque su padre le dice que tiene mucha salida y mucho prestigio. Hace su carrera, estudia 6 años, luego hace su especialización, las prácticas, etc. Es un buen médico *[esta es su competencia]*. En la facultad, en el bar, descubre que tiene una capacidad asombrosa para el ajedrez, gana siempre sin esforzarse. Todos le animan a apuntarse a un club y aprender en serio. Se inscribe, participa en torneos, es muy bueno. No le gusta especialmente, pero más que la medicina sí, sobre todo porque el esfuerzo dedicado le cunde muchísimo por sus dotes *[este es su talento]*. Como vivir del ajedrez no es fácil, él sigue con la medicina. A través de un amigo muy aficionado al arte empieza a visitar museos y descubre que le encanta la pintura. Se compra un caballete, lienzos y óleos y se pone a pintar. Se da cuenta de que le apasiona, todo momento que tiene libre lo dedica a esto: sale menos, lee menos, pinta y pinta todo el rato. Tampoco es que sea el mejor pintor del mundo —o quizá sí—, pero lo fundamental es que le encanta hacerlo *[esta es su vocación]*. La competencia la vivimos como nuestro deber. El talento como lo que hacemos de maravilla sin esfuerzo. La vocación como lo que nos encanta hacer de verdad.

Tristemente, los mejores aspectos de la persona son los

más castigados por la tipología mientras estamos desconectados. Una persona con su competencia hinchada, su talento desconectado y su vocación prohibida está condenada a vivir de espaldas a sí misma, como un guante dado la vuelta. El individuo más creador de todos se da a trabajar como un robot; el genio de la alegría es rígido, hiper-responsable, no se permite la más mínima licencia; el más amoroso se comporta como un depredador que no repara en nadie...

De acuerdo a las investigaciones exhaustivas llevadas a cabo por Preciada y sus colaboradores, tan sólo el 2% de la población está conectado. Es decir, solamente el 2% está igual o mejor que en el momento de nacer, el resto ha recorrido un camino equivocado, que les ha llevado a perder facultades en vez de ganarlas. El MAT representa una gran esperanza en este sentido, ya que a cada uno nos muestra, mediante el diagnóstico de nuestra tipología, cómo éramos en el momento de nacer y qué hemos de hacer para recuperarlo, es decir, el camino a la *Conexión*.

La ecuación emocional define un MAPA para cada tipología. Todos nosotros tenemos nuestro mapa, es decir, una representación sesgada de lo que es el mundo y la existencia, nuestro papel en ella, *cómo son el resto de las personas,* qué hay que hacer —o evitar— para que nos vaya bien, etc. No vemos el mundo como es, sino como nuestro mapa dice que es, y, para empeorar las cosas, el mapa nos pone unas gafas de un determinado color, con lo que todos los acontecimientos y situaciones de la vida las vemos a través de ese filtro. Esto lleva a que nos pasemos la vida afincando nuestro mapa, tratando de demostrar —a nosotros mismos y a los demás— que es el verdadero. Actuamos como un árbol que echa raíces cada vez más profundas, haciendo más y más difícil que nos movamos, que superemos nuestras limitaciones, pues mejorar implica siempre renunciar a una parte de nuestro mapa, asumir más objetivamente la realidad.

El MAPA se forma a partir de tres mecanismos: la generalización, la eliminación y la distorsión. La generalización consiste en atribuir una característica de unos pocos casos a toda la categoría (por ejemplo, conocemos a unos cuantos americanos con poco gusto en el vestir y concluimos: ¡qué mal visten los americanos!). La eliminación radica en quitar o no ver una parte de la realidad, con lo que, para nosotros todo sucede como si esa realidad no existiera. La distorsión sucede cuando no tomamos la realidad como es, sino que la damos la vuelta y la percibimos de otra forma. Es fácil ver que los tres mecanismos trabajan en conjunción: hacemos generalizaciones —toda creencia lo es—, o asumimos las que están en el ambiente; a partir de ahí, los hechos que no concuerden ni los vemos o cambiamos su interpretación hasta adecuarlos a nuestras creencias. Después de años y años de actuar así, somos como pilares de hormigón armado con unos cimientos profundos e inamovibles, ya que creemos que descansan sobre roca, cuando no es verdad. Podemos llegar a dar la vida por defender nuestro mapa.

La tipología restringe nuestra libertad porque sólo nos deja disponibles las opciones que refuerzan nuestras creencias, sólo esas. Y en ocasiones pueden ser realmente muy pocas. Todos sabemos de gente, y de nosotros mismos, de la que podemos predecir exactamente qué hará en una situación concreta, aunque no sea lo adecuado, y es que *no puede* hacer otra cosa. Este ha sido tradicionalmente uno de los argumentos usados por los que no creen en la libertad del ser humano: no somos realmente libres, no podemos elegir cualquier opción, nuestra propia *personalidad* nos lo impide. Y es verdad, como también es verdad que somos libres para superar esa tipología que nos limita, depende exclusivamente de cada uno de nosotros.

En realidad, nuestra tipología no tiene nada que ver con nosotros; por decir así, 'nos ha tocado'. Y, sin embargo, estamos tan acostumbrados a ella que la sentimos como encarnada en nosotros, llegamos a llamarla 'nuestra forma de ser', y la vemos como personal e intransferible —nada más lejos de lo cierto: un sexto de la humanidad la comparte—. Hay quien se imagina el hecho de dejar atrás sus problemas (por ejemplo, un miedo hinchado que le hace perderse cantidad de cosas) como 'dejar de ser él'. Es como si dijéramos de alguien postrado en una silla de ruedas que logra curarse mediante una operación que 'ha dejado de ser él'.

Resumiendo: nuestra tipología y nuestro mapa son una cárcel, mientras estamos ahí vivimos enjaulados. Constituyen el gran impedimento a nuestra libertad, pero es un impedimento interior, son grilletes que nosotros mismos mantenemos, nadie más. La puerta de la cárcel está abierta, sólo que a veces no nos atrevemos a salir, a vivir. ¿Por qué? Vivir comporta riesgos, la libertad comporta riesgos. El interior de la cárcel es terreno familiar, fuera ¿qué habrá? Ya se sabe, "más vale lo malo conocido..." Sin embargo, es precisamente a nuestra tipología a lo que más miedo deberíamos tener, pues ella ocasiona los problemas que padecemos y los que causamos a los demás.

Nacemos con nuestra tipología, pero conectados. Nacemos para crecer y mejorar a partir de ahí, nunca para meternos más en la prisión. Estamos destinados a vivir fuera porque esa es la vida de verdad, llena de alicientes, de cosas que descubrir y disfrutar. Y con nuestra estructura interna intacta y presta a actuar adecuadamente en toda situación, con seguridad y con eficacia, con los mejores resultados siempre.

CARACTERÍSTICAS DE LAS TIPOLOGÍAS

El MAT es muy profundo en el conocimiento de cada tipología. Decir que alguien es de una tipología significa saber muchas cosas acerca de su personalidad, forma de ser, gustos, creencias, aspecto físico, etc. De hecho Preciada ha penetrado de lleno en la esencia de cada tipología y conoce perfectamente lo que significa en lo más hondo de la persona, de donde se derivan todos los aspectos visibles. Así, no sólo conoce lo que hace cada tipología, sino por qué y para qué.

Para tratar de describir el mayor número de aspectos de cada tipología ordenadamente, aunque no en profundidad —remito de nuevo al libro de Preciada *El Esplendor de lo Humano* para un estudio profundo y detallado—, vamos a cubrir los siguientes campos:

✓ *Descripción general de la tipología.*

Cómo es, en general, una persona que pertenece a la tipología en cuestión. Haremos énfasis especial en los aspectos más reconocibles de su forma de ser y de comportarse.

✓ *Ecuación emocional de la tipología.*

Cuál es su emoción hinchada y cómo la vive. Cuál es su emoción desconectada y por qué no se permite emplearla. Cuál es su emoción prohibida y cómo es que le cuesta tanto acceder a ella.

✓ *Drama Existencial de la tipología.*

Drama Existencial es el nombre que Preciada da al **juego** que Eric Berne descubrió y censó en su libro: *Juegos en que participamos.* Berne lo define como: "un conjunto de transacciones regladas y recurrentes, frecuentemente prolijas, superficialmente plausibles, con una motivación oculta; en lenguaje familiar, una serie de jugadas con una trampa o truco". Los juegos son relaciones entre personas basadas en falsas emociones y que sustituyen a la verdadera intimidad, donde los sentimientos son auténticos. Preciada dice que emplear una palabra tan bonita como juego para llamar a algo tan pernicioso no le gusta nada; prefiere *Drama Existencial,* pues refleja mucho mejor lo que es. Pues bien, cada tipología tiene un Drama Existencial que ejercita constantemente, casi sin darse cuenta de tan asumido e interiorizado como lo tiene, y que lo mantiene anclado en sus posiciones tipológicas.

✓ *Creencias existenciales*

Cada tipología tiene dos creencias básicas que son como las dos columnas que soportan todo su entramado tipológico. Una de ellas es compartida con la tipología anterior y otra con la siguiente, aunque de la misma creencia sacan conclusiones muy diferentes. Cada persona piensa que éstas son verdades universales y 'de cajón', si bien no son sino enfoques tipológicos de la vida.

✓ *Cómo reconocer la tipología*

Rasgos físicos, formas de expresarse y peculiaridades que nos permiten reconocer la tipología a la que pertenece cada persona.

✓ *Personajes de la tipología*

Citaremos personajes públicos que sirvan de ejemplo de la tipología.

✓ *Cómo es cuando se conecta*

Descripción de la tipología conectada, es decir, una vez convertida la emoción hinchada en competencia y recuperados el talento y la vocación.

ESTUDIO DE LAS TIPOLOGÍAS

Estas son las 6 tipologías que define el MAT, cada una asociada a su ecuación emocional:

- ✓ FORTIFICADOR: emoción hinchada el *Miedo*, emoción desconectada la *Rabia* y emoción prohibida la *Tristeza*.

- ✓ CONSTRUCTOR: emoción hinchada la *Tristeza*, desconectada el *Orgullo* y prohibida la *Rabia*.

- ✓ REVELADOR: hinchada la *Rabia*, desconectada la *Tristeza* y prohibido el *Orgullo*.

- ✓ LEGISLADOR: hinchado el *Orgullo*, desconectada la *Alegría* y prohibido el *Amor*.

- ✓ REACTIVADOR: hinchado el *Amor*, desconectado el *Miedo* y prohibida la *Alegría*.

- ✓ PROMOTOR: hinchada la *Alegría*, desconectado el *Amor* y prohibido el *Miedo*.

Vamos a ver ahora cada una de estas tipologías, con sus características de todo orden.

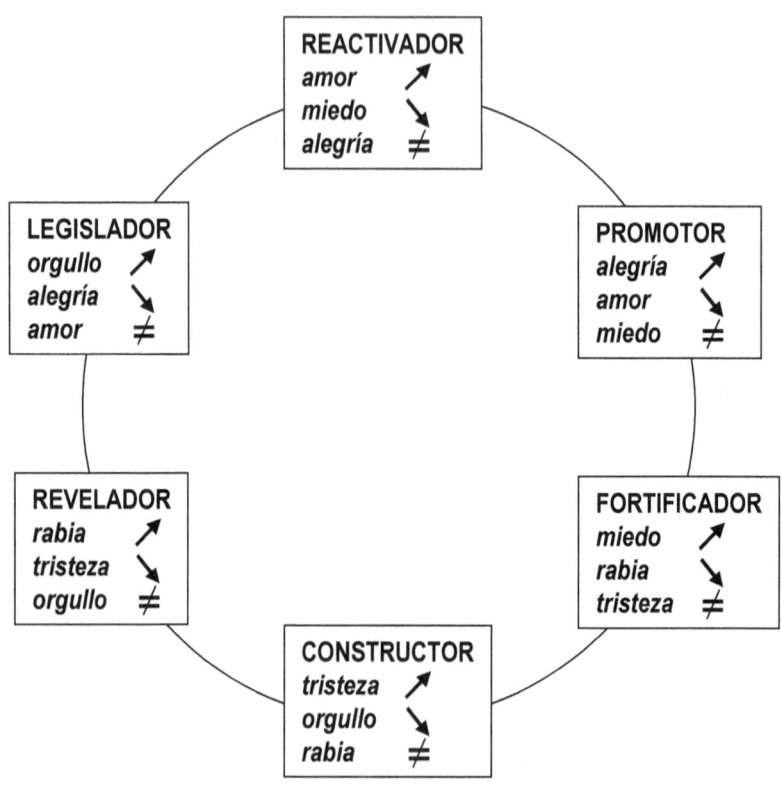

EL FORTIFICADOR

> *Emoción hinchada:* **Miedo**
> *Emoción desconectada:* **Rabia**
> *Emoción prohibida:* **Tristeza**

Descripción general

El Fortificador es básicamente una persona *tranquila* que no quiere conflictos, nunca los genera y, si se dan a su pesar, trata de reducirlos o eliminarlos, aunque sea cediendo en sus derechos. Es reservado, discreto, paciente; en general le gusta pasar desapercibido, nunca da la nota ni destaca especialmente. Es introvertido, está muy metido en sí; es cercano pero pasivo, se puede contar con él para lo que sea —es muy servicial—, pero él no dará el primer paso. Tiene una palabra de oro, es fiable y fiel, las relaciones le suelen durar mucho: amigos de la infancia, una sola pareja, muy estable en el trabajo... Todo el mundo dice que transmite seguridad, suele ser conservador y más bien reacio al cambio.

La seguridad le importa mucho, demasiado; con tal de no arriesgar se prohíbe muchas cosas, y se las pierde. Es consciente de que tiene miedo a situaciones que no debería temer, pero no lo puede evitar. Cuando ve que otros se las permiten, que por ejemplo se van de viaje solos, o se acercan sin más a alguien que les gusta y se ponen a hablar, les admira —"este sí que es libre", piensa—, pero renuncia a ello, él nunca podrá. Él se queda rígido e inmóvil ante cualquier situación que considera amenazante, siente el miedo físicamente en su estómago y es como si se metiera en un pozo del que no ve salida.

Las distancias cortas le dan miedo. Teme la intimidad, tener que hablar de lo de dentro, si es con el otro sexo le aterra, aunque una vez superado es lo que más le gusta de todo. Es muy tímido, tiene miedo a hacer el ridículo, a quedar en evidencia; ha de ir muy poco a poco, sopesando todos los riesgos y ganando confianza, no soporta que le urjan. En las relaciones personales emplea el humor y la ironía para crear distancia, como arma defensiva. Recuerda un personaje de una novela de Graham Greene (*El factor humano*) que éste, como siempre, describe magistralmente en una sola frase: "Tenía el humor defensivo de todo hombre solitario".

El Fortificador no es la persona más sociable, normalmente le cuesta hacer amigos, e incluso cuando está con más gente tiene propensión a aislarse, por ejemplo ante una conversación que no considera interesante. Tiene una vida interior muy rica, disfruta de los momentos en que está solo —o se ensimisma— y se pone a pensar, se pasaría horas así. Sin embargo, le asusta la soledad cuando él no la elige, puede darle pánico no tener a quién llamar cuando necesita compañía. Su peor pesadilla es que nadie vaya a querer estar con él.

Busca ambientes y personas conocidos. Por ejemplo, no le gustan las recepciones tipo cóctel, donde se crean grupos y se establecen conversaciones informalmente, se siente fuera de lugar; siempre intenta acudir con alguien conocido y no se separa de él. Hablar o llamar a un desconocido es superior a sus fuerzas, a no ser que tenga una buena recomendación o esté en una posición en la que es imposible el rechazo. El Fortificador tiene un miedo enorme al rechazo. Es curioso cómo a menudo se sorprende de que el otro vea mejor su propuesta que él mismo: no tiene buena auto-imagen.

Algo que le condiciona mucho es la culpa, se siente culpable todo el rato. Cree que las cosas desagradables ocurren por su culpa; por ejemplo, llega a casa de un amigo y lo ve con mala cara, automáticamente se pone a pensar qué habrá hecho él mal: si ha llegado tarde, si debería haber llevado un detalle, etc. Es muy fácilmente manipulable con culpa.

La culpa lo inmoviliza, pensar que puede ocasionar perjuicios a alguien le hace pararse en seco y quedarse quieto, y, si puede, retirarse. El Fortificador tiene la creencia errónea de que no haciendo nada estará a salvo de actuar mal o de dañar a los demás, por lo que, en situaciones complicadas para él (un claro ejemplo son las que conllevan un alto contenido emocional) se refugia en la inacción y se queda congelado, con funestos resultados en muchas ocasiones.

Al Fortificador le encanta observarlo todo, especialmente a otras personas, le resulta curiosísimo; está en su salsa rodeado de gente —por ejemplo en el metro—, siendo uno más y pudiendo ver y oír conversaciones ajenas, todas le parecen de interés. Es un gran escuchador, sinceramente interesado, aunque no suele dar consejos personales. Él, por su lado, nunca tiene de qué hablar, en parte porque teme desvelar sus intimidades —¡qué iban a pensar los demás de saberlo!—, y todo le parece materia reservada —le asombra lo fácilmente que otros desvelan sus interioridades—, y en parte porque nada de lo que le pasa le parece digno de ser contado. Su percepción es muy rica, pero todo se queda dentro, no lo muestra. Es una pena, porque el Fortificador es muy inteligente, y bajo su apariencia casi catatónica tiene una mente que funciona a toda velocidad y da magníficos frutos.

No expresa nada, es hierático, su cara es como de cemento, de póquer, nadie sabe lo que está pensando. Sobre todo, nunca muestra sus emociones. Se ríe mucho, eso sí, por quedar bien y agradar —no quiere líos— y también porque es un humorista nato, un caricaturista que capta perfectamente todas las salidas de tono y las pone en evidencia con un chiste escueto y mordaz. Lo mismo con las contradicciones o fisuras lógicas de cualquier tipo, las pilla todas al vuelo con gran satisfacción.

Siempre pasa desapercibido, o al menos lo intenta; llega a hacerlo tan bien —ocultarse, andar sin hacer ruido, situarse en el lugar menos prominente— que se vuelve automático, y aunque no se lo proponga, nadie repara en él. Es tremendamente respetuoso, hasta el exceso. Siempre se queda corto, jamás se pasa. Por el contrario, los demás le parecen avasalladores, no respetan su espacio.

Tiene un gran sentido de la justicia, pero no se atreve a

actuar en el momento preciso, con lo que, en la práctica, no combate la injusticia. Todo lo más hará un comentario mordaz, pero para el cuello de su camisa. Prefiere perder o aguantar lo que sea antes que plantear un conflicto —mostrar rabia—, desde niño le dijeron que con ese mal genio nadie lo iba a querer. Y él necesita que lo quieran, sentirse admitido, lo da todo por eso. Es un romántico irredento —nadie lo diría de alguien que no expresa nada—, y sueña con un amor como Tristán e Isolda. Cuando se enamora, se da por completo y siempre cree —y desea— que será para toda la vida. El Fortificador quiere enormemente a la gente que lo rodea, aunque, al tener tantos problemas para mostrar sus sentimientos, es visto a veces como una persona fría y distante.

Como no se atreve a decir que no, se ve continuamente aguantando cosas que no le gustan. Está muy acostumbrado a sufrir, a soportar cargas —"tengo unas espaldas muy anchas"—; de hecho está orgulloso de su aguante —como si fuera un poco masoquista—, y parece buscar las contrariedades, o al menos no pone remedios para evitarlas, limitándose a resistir. Ya desde niño es adulto y pide que lo traten como tal. Es un niño cómodo para los padres —siempre lo ponen de modelo—, nunca está enfermo, no es travieso, es obediente, si llega el caso es el hombre —o la mujer— de la casa, aunque sólo tenga 12 años.

Le gusta crear cosas: un jardín, un programa informático, etc. Las actividades intelectuales, cualquier cosa que pueda descubrir y clarificar: desde el trabajo solitario de una excavación arqueológica hasta divulgar una ciencia compleja. Descubrir cómo son las cosas por dentro, desmontar un juguete para entenderlo. Le encanta ayudar a modificar la realidad y a que todo salga bien sin tener que estar en primera línea. No necesita sobresalir en ese sentido, prefiere la retaguardia, donde él va dando pasos y tapando huecos sin hacerse notar. Mandar no le interesa demasiado, salvo para evitar abusos: es muy bueno creando un entorno de justicia, implantando normas y haciéndolas seguir.

Lo que menos le gusta es la rutina, es la muerte del Fortificador. Y todavía menos, que lo hagan entrar en obediencia ciega a golpe de galón, que lo obliguen a ejecutar órdenes que ve como absurdas e injustas. Lo vive como una alienación que lo deja destrozado.

Se mueve lentamente, como un oso. Bueno, todo lo hace lentamente o no lo hace en absoluto. Aunque nunca lo admitirá, la norma que aplica en la práctica es: "no hagas hoy lo que puedas dejar para mañana". Y encuentra la forma de dejarlo todo para mañana. El ritmo Fortificador es lentísimo, exasperante, cual tortuga, aunque muchas veces llega antes que nadie: también es muy tenaz. Cuando logra hacer las cosas deprisa y no demorarlas se encuentra fenomenal, pero siempre hay trabas: Si no fuera por... Esto le hace sentirse impotente, como que no hay nada que esté en su mano hacer para cambiar lo que pasa.

Es muy sensual —no emocional— y muy sexual, un gran amante por su ritmo suave y prolongado, y porque se preocupa exclusivamente por su pareja, sólo piensa en sí al final. Para él el sexo es algo muy importante. Le encanta acariciar y que le acaricien, el tacto es su sentido. Y le encantan los perfumes, nunca sale de casa sin perfumar.

El Miedo como emoción hinchada

El Fortificador es la única tipología que es consciente de que su emoción hinchada es su punto más débil: siempre ha vivido su miedo como un corsé, como una camisa de fuerza que le impide moverse, como una cruz que le ha caído encima y con la que tiene que cargar a su pesar. Para él la felicidad es, sencillamente, la ausencia de preocupaciones, la ausencia de miedo. Las situaciones de miedo prolongado —una preocupación fuerte o una amenaza grave que se prolonga semanas, meses— lo desquician, y hace *cualquier cosa* para librarse de ellas.

Tiene miedo a muchas cosas, casi siempre en relación con otras personas: miedo a comprometerse (lo vive como una trampa, como que lo están forzando a dar su palabra, ya que él siempre cumple lo que promete), miedo cerval a ser rechazado y, quizá lo que más, miedo a utilizar su rabia: está convencido de que de eso se seguirían los peores desastres, el primero quedarse solo.

Por otro lado, en cuanto logra desinflar su miedo, el Fortificador es seguro y transmite mucha seguridad en las cosas prácticas, por ejemplo conduciendo un coche o dirigiendo un proyecto de cualquier tipo.

La Rabia como emoción desconectada

Al Fortificador le cuesta horrores sacar rabia, decir que no. Hasta llega a estar orgulloso de ello: "qué diplomático soy". Odia los conflictos, así que a menudo se ve haciendo cosas que no le gustan, y, aunque por dentro esté refunfuñando, nada de ello aflora. En parte le da miedo utilizar la rabia y en parte la transforma en rabia hacia él: culpa. Le chantajean fácilmente diciendo: "lo he hecho por ti y ahora dices que no".

¿Por qué tanto miedo a sacar rabia? Por miedo a la reacción: si reacciono no puedo controlarme. Para el Fortificador controlarse es vital. También por miedo a la reacción de los demás: "yo me controlo pero ellos igual no, lo mismo me hieren, mejor estar conciliador". Sin embargo, es curioso que, así como se le abren las carnes ante la posibilidad de hacer algo injusto, sea tan permisivo con las injusticias de los demás.

La Tristeza como emoción prohibida

El Fortificador es de pensamiento positivo, no ve pérdidas aunque las haya. Tiende a disculpar —"no está tan mal"— y hace los problemas tan pequeños que ni los ve. Si asumiera la pérdida tendría que hacer algo al respecto, así que prefiere no mirar, como el avestruz que esconde su cabeza, y no pensar. Se pone en plan autista y se evade.

Suele ser algo teórico, le encanta leer o escuchar a alguien que explica algo complejo con claridad, un tema filosófico por ejemplo. Para él tener claridad es la gloria, la alegría de la certeza es su nirvana. Ya no tiene que conjeturar, presuponer —lo que le provoca miedo a fallar—: sabe lo que hay y lo que tiene que hacer. No soporta que duden de su inteligencia o que le hagan pasar por tonto. Ni se perdona cuando no la utiliza bien: por ejemplo, si le traiciona alguien en quien confiaba, lo que más le duele es no haberlo previsto.

El Drama Existencial del Fortificador: **Si no fuera por...**

Para el Fortificador siempre existen razones externas imponderables que hacen que las cosas sean como son, o que impiden que se pueda hacer algo. Por eso el Fortificador se siente impotente: cuando algo va mal él no puede hacer nada por arreglarlo, cualquier vía de actuación se le antoja inútil o imposible de implementar. En el fondo está buscando excusas para no hacer nada, está racionalizando su parálisis en vez de enfrentarla y superarla. Utiliza su inteligencia para justificarse, en vez de para encontrar soluciones. Es un auto-engaño.

Esta es también la causa de que el Fortificador sea tan lento: cualquier pretexto, por nimio que sea, le sirve para posponer lo que tuviera que hacer. Sobre todo, las cosas que lo intimidan. Por ejemplo, sale de casa totalmente dispuesto a hacer unas llamadas comprometidas en cuanto llegue a la oficina, pero una vez allí siempre encuentra una disculpa para dejarlo para el día siguiente.

Creencias existenciales del Fortificador

✓ *"El mundo es una jungla"*

El Fortificador es desconfiado, él no se ve así, pero en la práctica actúa así. Es la típica persona que se lee los contratos de arriba abajo, por si acaso. Él cree que la gente avasalla y no respeta nada.

Pero hay que sobrevivir, y entonces llega a su conclusión: "me esconderé donde nadie me vea". Y a partir de ahí tratará siempre de pasar desapercibido, de no destacar, como si no existiera. Salvo en el reducido círculo de su confianza, siempre de muy pocas personas.

✓ *"Nada puede cambiar"*

Teóricamente sí, por supuesto, pero en la práctica las cosas no cambian, y si parece que lo hacen es un espejismo, rápidamente todo vuelve a su sitio. El Fortificador —a su pesar— cree esto, y cuando vuelve la vista atrás y repasa su vida, se ratifica en ello. Emprender cambios conlleva un gran esfuerzo, y encima no da resultado, así que él tira la toalla y decide no intentarlo.

Tiene muchísimo que ver con la impotencia que señalábamos antes. El Fortificador se siente impotente para cambiar las cosas, así que ni lo intenta.

Cómo reconocer a un Fortificador

La forma que domina en el Fortificador es el octógono. Suele ser ancho de cara, con los rasgos suaves, desvanecidos. Su rostro nunca muestra trazos rotundos, claros, angulosos, parece que han sido dibujados y luego difuminados con una goma de borrar; da la impresión de acolchado, de carne blanda. Suda mucho.

Normalmente su pelo es fino y escaso, y si es hombre tiene mucha tendencia a quedarse calvo relativamente joven, siempre comenzando por la coronilla y avanzando después hacia delante. Sin embargo, algunos Fortificadores —los menos— tienen mucho pelo y muy fuerte.

La frente es siempre lisa, sin arrugas, brillante, como un espejo. Los ojos son inexpresivos, miran hacia dentro, nunca a los ojos de quien tiene enfrente. La nariz es un poco bulbosa, y si bebe se le pone roja fácilmente. La piel es finísima y delicada: es el mayor sufridor de acné en su adolescencia y juventud. La boca es muy típica, es fina, y él tiene tendencia a tragarse los labios. El cuello es ancho y corto.

Su cuerpo tiene tendencia a engordar, más en el vientre, no tanto en las caderas. Su metabolismo es muy lento y quema muy poco. Debe comer la mitad que los demás para estar igual, así que se resigna a estar obeso o a llevar dieta permanentemente. Su carne está como infiltrada de agua, por eso no tiene rasgos rotundos. Si es mujer suele tener pechos generosos.

Algo muy característico es su tendencia a cruzar los brazos o, al menos, a tener las manos juntas, enlazadas o cogiéndose una con la otra, generalmente por delante del cuerpo, aunque también a veces por detrás. Se mueve lenta y bastante torpemente, como si fuera un oso. Cuida con mimo su espacio, no te debes acercar mucho a él. Nunca toca a los demás y no soporta que lo toquen.

Su forma de vestir es bastante convencional, en colores oscuros: azul marino, marrón, gris. Le gustan las cosas caras y refinadas.

El Fortificador habla bajito, de volumen y de tono —si es cantante es barítono, como mucho—. Cuando se le pregunta algo tarda mucho en contestar, no es espontáneo, elabora mucho la respuesta para no meter la pata, salvo en un entorno de mucha confianza. Algo típico suyo es que carraspea mucho, tratando de aclararse la voz, especialmente en una situación embarazosa o, por ejemplo, cuando tiene que hacer una llamada que lo intimida. En general no le gusta hablar, y cuando lo hace no le queda muy bien. En todo caso es una persona de impresiones y sensaciones, nada de emociones. Sus sentidos son muy sensibles, cualquier cosa que desentone le incomoda: el ruido, una luz fuerte, un olor penetrante, un sabor muy especiado...

Huele a musgo, a tierra mojada, como tras una lluvia de verano. Pero se le descompone rápidamente el olor, ya que suda mucho —por el miedo—. Le gusta bañarse con sales, le encanta el perfume, es muy sensual. Si hay que elegir un regalo para él, un perfume o algo que tenga que ver con la piel.

En cuanto a comida, le gusta más bien tradicional, de cuchara, las recetas de la abuela, los guisos que se hacen durante horas: cocidos, salsas de estofado con vino y hierbas aromáticas, etc. Mucha paciencia, mucho amor. Y sobre todo los postres, le encanta el dulce. En general, le gusta mucho comer.

El Fortificador es el mejor amante, él inventó el Kama Sutra, el tantra... Es lento y seguro, le encantan las noches de amor prolongadas y disfrutadas. El ¡ya está! no existe en su registro.

Personajes Fortificadores

Citaremos, entre los artistas Fortificadores, a Nuria Espert, Sara Montiel, Isabel Pantoja, Rosa (de O.T.). Abundan en el mundo del cine, desde Alfred Hitchcock o Woody Allen hasta Pedro Almodóvar, pasando por Antonio Banderas, Penélope Cruz, Antonio Resines, José Coronado, Ingrid Bergman o Richard Gere. También genios del arte como Picasso, y, aunque no excesivos, también deportistas, como por ejemplo Vicente del Bosque.

También entre los políticos hay buena cosecha, como José María Aznar, Jaime Mayor Oreja, Joaquín Almunia o Josep Piqué. Y grandes líderes como Mahatma Gandhi.

Cómo es un Fortificador conectado

El Fortificador conectado es una persona transformada. Ya no está dentro de sí, sino que se abre a los demás. Ya no tiene la mirada inexpresiva de quien mira hacia dentro; todo lo contrario, tiene una mirada llena de vida que mira directamente a los ojos de la gente. Se parece mucho a un niño ilusionado con la vida.

Básicamente, se ha deshecho de su coraza, ya no la necesita porque cuenta con los medios para tener seguridad sin estar aislado. Más allá de la seguridad, el Fortificador conectado transmite paz y serenidad, armonía. A su lado la gente se siente bien porque pueden ser como son, no tienen que fingir. Él es un oasis donde no impera el estrés y la confusión, sino el sosiego y la claridad. Preciada siempre dice que el Fortificador conectado da la medida de lo posible del ser humano, y que en él se encuentra el secreto de la superación de muchos de los males de la Humanidad.

Su sentido de la justicia es sobresaliente, y su empleo de la rabia —su talento— para no consentir transgresiones, también. Por eso el Fortificador conectado es el Legislador pleno, el mejor implantando normas que logran un ámbito en el que vivir y crear en libertad.

Es el amigo al que todos llaman para pedir consejo en situaciones comprometidas, en las que no es fácil encontrar una solución justa para todas las partes, donde nadie salga perdiendo. Él siempre da con la clave, y cuando te lo dice lo encuentras evidente de lo claro que está.

La rabia es para el Fortificador que se ha conectado como el arma secreta que tenía oculta y que logró recuperar: una liberación. Usándola se siente él mismo porque la emplea sin acritud y sin aspavientos, buscando con cuidado el mejor modo de aplicarla —que no sea un no cortante, que sea un suma y sigue—, y se queda asombrado de los buenos resultados: pone todas las cosas en su sitio, le hace sentir libre, le desata la camisa de fuerza. Por eso ya no exhibe esa lentitud desesperante y es capaz de moverse con soltura y dar una respuesta ágil.

El Fortificador conectado es muy inteligente y muy profundo, le encanta reflexionar sobre los temas que le interesan y llega lejísimos, por eso siempre tiene una opinión propia de esos temas, que le gusta compartir cuando encuentra un entorno adecuado. Lo que ya no soporta son conversaciones banales o tópicas, le parecen una pérdida de tiempo sin sentido. *Tiene que entenderlo todo,* siempre quiere saber más y busca denodadamente las personas o actividades que se lo puedan proporcionar. Esto le hace muy feliz, es su vocación real.

Como ya tiene conectada la tristeza, habla y se expresa muy bien, comunicando en especial mediante imágenes, incluso parábolas, y yendo siempre a la esencia de los temas. Otra cosa en la que es excelente es en el uso del tiempo, lo que le hace ser muy eficaz en el trabajo, por ejemplo. Y es muy pragmático para las cosas cotidianas, como manejar dinero, organizar un viaje o resolver un problema doméstico, lo hace a la perfección sin apenas esforzarse.

EL CONSTRUCTOR

Emoción hinchada: **Tristeza**
Emoción desconectada: **Orgullo**
Emoción prohibida: **Rabia**

Descripción general

El Constructor es un trabajador nato, se ve como una pieza de la gran máquina que es la sociedad, en la que ha de cumplir su función, laborando, ayudando a los demás a cumplir su cometido y, en general, haciendo cosas útiles. Lo que peor lleva es que no le reconozcan lo mucho que hace. Es una persona de datos, de hechos, no maneja bien las emociones ni nada que no tenga una explicación lógica, por eso tiende a rechazarlo.

El trabajo es muy importante para el Constructor, lo ve como el medio insustituible de conseguir sustento y como una obligación consustancial al ser humano: "hemos nacido para trabajar". Por otro lado, para él es una fuente primordial de estatus: dónde trabaja, qué puesto tiene, etc., también por esto se esfuerza especialmente. Además es un trabajador serio, responsable, absolutamente honesto y muy fiable, muy *profesional* —le horroriza que no lo vean así, cree que perdería toda la credibilidad—. El caso es que trabaja de sol a sol, llevando a cabo mil tareas a toda prisa, siempre corriendo para poder llegar. Y, aunque le gusta trabajar y estar ocupado, termina sintiéndose *abrumado*. A esto colabora el hecho de que no sabe decir que no: entre lo bien que trabaja y que él no sabe negarse cuando le asignan algo nuevo, todo acaba cayéndole encima. Añadamos que es bastante perfeccionista, con lo que delegar tampoco es uno de sus mejores puntos.

Aunque es el más creativo —el orgullo es su punto de talento— a menudo tiene trabajos más bien repetitivos, ya que suele especializarse en algo y luego mantenerse mucho tiempo en lo mismo. Esto también le da estatus, el del experto, el de saberlo todo sobre un tema. Le gustan las cosas organizadas, normalizadas, los procesos reglados, todo bajo control. Le encanta meter en rutinas la mayor parte posible de las cosas que hace, incluyendo —quizá el primero— el proceso de innovación. Tiene la vida muy programada, con horas para cada cosa, y la agenda siempre llena. Si le obligan a salirse del programa se desespera, lo ve como desorganización. Como no sabe decir que no, emplea también la programación como escudo ante las invasiones a su tiempo. El resultado es que los demás lo ven como un autómata, un robot, una máquina.

Tiene tendencia a extrapolar el mundo del trabajo a todo en su vida. Por ejemplo, si visita una ciudad como turista se lo toma como una tarea, preparándola a conciencia y cuidando de no dejarse nada fuera del recorrido. De igual forma, ve la sociedad como una gran empresa, y la política para él es una cuestión de *gestionar* adecuadamente ingresos y gastos; es el tecnócrata por antonomasia.

Con tanto trabajo, llega siempre tarde a su casa, descuidando su vida familiar, aunque es algo muy importante para él. El Constructor es muy responsable con su familia y la valora muy alto, sólo que da prioridad al trabajo. "No por gusto" —te dirá—, "la vida está así montada, el mundo de la empresa es cada vez más competitivo y si no te dejas exprimir te aparcan". Es también un excelente amigo y compañero, muy paciente y permisivo, siempre dispuesto a ayudar.

El Constructor se programa igualmente su tiempo de ocio, el fin de semana por ejemplo. Y encuentra cantidad de cosas para hacer. Nunca hay tiempo que perder, siempre está haciendo cosas útiles, construyendo algo, trabajando en algo. Como quiere hacer tantas cosas y no jerarquiza, se abruma y le come el tiempo. Es un impuntual incorregible, está agobiado con tantas actividades. Aunque lo peor que se puede imaginar es no tener nada que hacer, esto le deja deshecho, culpabilizado, necesita tener la agenda repleta.

El Constructor es estricto con las definiciones, muy riguroso, cuadriculado, da datos sin fin y muchas explicaciones. Rechaza lo que no sea lógico, racional, demostrable: "¡no hay estudios que lo demuestren!", aunque secretamente le atrae todo lo curioso, lo mágico, lo esotérico, lo erótico. Pero no lo dice nunca. Se refugia en las estadísticas y los consensos, los ve como la mejor forma de obtener la respuesta adecuada. Es una persona muy informada, sobreinformada, está suscrito a todas las revistas de su profesión, lee todos los libros que le puedan ayudar a mejorar y se apunta el primero a todos los cursos y seminarios que se le ofrecen. Es muy inteligente, aunque su inteligencia es un poco parcial, pues su SINTETIZADOR sólo maneja una parte de la información.

Le importa tanto la opinión de los demás que muchas veces vive de apariencias, para el 'qué dirán' y hace las cosas calculando qué pensarán de él. Para él es más importante cómo va a quedar que hacer lo correcto o lo que le apetece. Este comportamiento puede llegar a ser patológico, pues lo llega a tener con personas que no le importan especialmente, o que incluso ni conoce. Por ejemplo, un amigo Constructor me contaba que cuando está en el aeropuerto adopta una pose o forma de estar para que piensen de él que es un ejecutivo de éxito: no para de hacer llamadas con el teléfono móvil, trabaja con su ordenador portátil, etc.

El Constructor siempre quiere quedar bien con todo el mundo, siempre está templando gaitas, siempre haciendo cosas por agradar, aunque a él no le gusten en absoluto. No ve las injusticias ni las mentiras, le cuesta muchísimo atribuir mala intención a los demás, acepta fácilmente todas sus explicaciones y excusas.

Le gusta el mundo de las ideas, le gusta hablar de lecturas, y le apasiona la música, de todo tipo y especialmente la clásica —lo calma—, no es difícil encontrarlo en el conservatorio, aprendiendo con empeño. No en vano el oído es el sentido asociado a la tristeza; el Constructor lo tiene finísimo, por lo que le resultan odiosos los ruidos de cualquier tipo: por ejemplo el que alguien ronque. El arte le gusta normalmente vanguardista, poco emocional, más bien inexpresivo, lo mismo que la decoración: todo de diseño moderno, colores fríos, líneas rectas, mucho metal y cristal, muy funcional y también minimalista, tipo japonés. Le encanta también el contacto con la naturaleza, sobre todo con el mar: nadar, hacer surf, bucear, navegar; y los deportes aeróbicos: correr, jugar al tenis, andar en bicicleta, etc.

También tiene debilidad por cualquier signo externo de estatus, como un buen coche o una buena casa. Le encantan los aparatos electrónicos de última generación: teléfonos móviles que hacen fotos, agendas portátiles, etc. También cosas más clásicas como joyas, relojes caros o plumas de notario. Con todo y eso, siempre adolece de falta de autoestima, se ve inferior a los demás, sin chispa ni imaginación, cree que tiene que esforzarse mucho para conseguir cualquier resultado, que no tiene talento. Asume un segundo nivel, raramente quiere estar al frente, le asusta.

El Constructor admira el éxito social, siempre ligado a los resultados en el trabajo: el que alcanza un puesto muy alto, el empresario de éxito o el que logra reflotar una empresa casi hundida. Eso sí, todo logrado con honradez, él no se permite atajos. Otra cosa que admira es a quien está seguro de sí mismo.

Se desconcierta muchísimo si le hablas de emociones, siente que estás un poco loco, que eres poco fiable —cuando quieras expresarle una emoción, ha de ser con una intensidad muy baja, si no se bloquea—. Por todo esto generalmente se conoce muy mal, no hace introspección.

Tampoco suele ser espiritual ni religioso. Tiene una visión de la vida un poco corta, realmente no sabe para qué está aquí. "Para hacerlo lo mejor posible, para ser útil" —concluye— "y luego todo se acaba". Como es tan racional, sólo cree en lo que se ve y se toca.

La Tristeza como emoción hinchada

El Constructor vive en la tristeza como estado vital: "si no hay un estímulo especial, estoy triste". Como norma está decaído, plano, sin altibajos. Asume los contratiempos con 'profesionalidad' —las pérdidas son inevitables, ya se sabe—, y lo mismo las alegrías, no se las permite o le duran muy poco —de hecho es muy difícil hacerle reír, por ejemplo en el cine—. Tiene falta de vitalidad, si ve a alguien muy vital y espontáneo, se asusta.

Es una persona que está siempre pensando, muy sesudo, siempre dándole vueltas a los temas que tiene entre manos. Ve pérdidas por todos lados, cosas que están mal —sucias, desordenadas, inacabadas— y no puede evitar ponerse a la tarea, con lo que está trabajando en todo momento, sea en la empresa o en casa. Es el prototipo de adicto al trabajo.

El Orgullo como emoción desconectada

El Constructor nunca se permite mostrar orgullo. Desde pequeño le han dicho que hay que ser humilde y él lo ejerce a rajatabla; lo de la prepotencia o parecer creído lo lleva fatal, en sí mismo y en los demás. Siempre se quita mérito, consigue las cosas con trabajo y esfuerzo, y cuando las tiene las minusvalora. Igualmente, teme destacar, es incapaz de vender lo suyo, de dar publicidad a lo que ha hecho; luego no se lo reconocen y lo ve injusto, pero no saca rabia, sino que se deprime.

No es de opiniones propias, prefiere sumarse al consenso o a la opinión más extendida. Es muy de seguir la corriente: allí donde estés, haz lo que ves; no le gusta dar la nota. Se siente pasando examen todo el rato.

Rechaza cualquier innovación no totalmente probada, es escéptico y cree que todo está ya inventado, que no le vengan con descubrimientos. Las novedades le molestan, se pone en contra sistemáticamente.

La Rabia como emoción prohibida

Le cuesta horrores decir que no, lo cual, unido a que no tiene opinión propia, hace que sea fácil llevarlo por cualquier lado. Utiliza mal la rabia, la saca en momentos no oportunos —generalmente sustituyendo al orgullo—, así que es falsa y crea rupturas. Luego se siente fatal y tiene que disculparse, y se dice "nunca más". No es raro que tenga la rabia como algo que ha de evitar, algo de locos. En los demás tampoco la admite, le supera, le bloquea. En el fondo se cree mala persona cuando la utiliza, cuando rechaza algo o pone a alguien en su sitio. O simplemente cuando dice no. Así que tiene que aguantar muchas situaciones que no le gustan.

El Constructor tiene gran tendencia a disculpar las injusticias, no las ve —o no las quiere ver—. Está en un círculo vicioso: no detecta la injusticia, piensa que reaccionar es una locura y, encima, ¿qué van a pensar si salto? Así que nunca saca rabia, por más justificada que esté.

El Drama Existencial del Constructor: **Abrumado**

Como ya hemos visto, el Constructor se siente abrumado, tiene tantas cosas que hacer que no le llegan las 24 horas del día. Necesitaría días más largos, pero quizá no fuera la solución, porque se cargaría aún con más trabajo...

En el *Abrumado* del Constructor hay una combinación de situación inexorable a la que no ve salida y que, al mismo tiempo, le gusta.

Por un lado el Constructor se ve en la rueda a la que nos fuerzan los usos sociales: casarse, tener hijos, la hipoteca, y no ve la forma de salir. Como él es muy cumplidor, quiere tener a los suyos lo mejor posible y se aboca al trabajo como única solución.

Por otro lado, el trabajo le da estatus. Y otra cosa más importante, la intimidad le da miedo, la rehuye con todas sus fuerzas, normalmente a base de llenarse de trabajo y abrumarse, así no le queda tiempo para más.

Creencias existenciales del Constructor

✓ *"Nada puede cambiar"*

Todo es como es, la vida es así y nada podemos hacer para cambiarla. Tenemos que trabajar, es absurdo aspirar a nada más. Así piensa el Constructor. Se ve de lleno metido en el mito de Sísifo, subiendo la piedra hasta la cima del monte sólo para ver cómo vuelve a caer ladera abajo, una y otra vez, sin fin; así ve su vida, cada día es agotador y uno sigue a otro inexorablemente. Pero mediante el trabajo, el Constructor asume su papel de, al menos, mantener todo lo que hay en la vida, y evitar que nada se pierda.

✓ *"Si digo lo que pienso nadie me tomará en serio"*

El Constructor se ha catalogado a sí mismo de poco creativo e imaginativo, así que no se permite innovar, y mucho menos mostrar sus innovaciones. Cuando tiene una idea se la calla, si la dice cree que va a demostrar lo gris y poco creativo que es. En una reunión, por ejemplo, es raro que aporte ideas nuevas aunque las tenga —sí explicaciones, por ejemplo—; si acaso después, en privado, se las plantee, con muchas reservas, a un compañero. Si se decide a hablar, lo hará a menores, sin darle el peso necesario para que sea tenido en cuenta.

Otra causa para callarse una idea cuando sabe que es buena es el miedo a destacar, porque cree que va a generar envidia en los otros. Y a veces directamente porque cree que le van a tomar por loco. Entonces el Constructor extiende su carencia a los demás: si él no puede innovar tampoco aceptará de ellos nada que no esté estadísticamente probado.

Cómo reconocer a un Constructor

La forma que domina en el Constructor es el cuadrado. Su rostro es cuadrado, redondeado por abajo. Tiene el pelo más espeso, grueso y fuerte de todas las tipologías, una mata de pelo enorme y muy abundante que le nace muy bajo, con lo que es de destacar su corta frente cruzada por arrugas horizontales muy bajas, que empiezan casi en las cejas. En la cara predominan las líneas horizontales: cejas horizontales, ojos horizontales y boca horizontal. La nariz muy recta y fina, la más bonita. Tiene los ojos de tamaño normal, suele ser miope y lleva gafas. Le gustan las gafas que le dan aire de intelectual, más bien pequeñas, rectangulares, a menudo de diseño. En general suele ser muy guapo o guapa de cara, encarna el canon romano de la belleza.

Su cuello suele ser corto, hombros particularmente estrechos y caídos. No tiene muchas formas en el cuerpo, es más bien cuadrado. La mujer Constructora suele ser delgada pero no con talle fino ni muchas curvas. Las manos son cuadradas y fuertes, con dedos cortos y anchos; es muy hábil con ellas. Los pies también cuadrados. Brazos y piernas más bien cortos. Tiene la piel muy seca, ha de usar cremas hidratantes. Anda deprisa, como un robot o un guerrero dispuesto para la lucha, no para.

El Constructor tiene aspecto de niño pitagorín crecido, muy

triste porque está obligado a trabajar todo el rato y a comportarse, nunca puede divertirse como los demás.

El Constructor habla mucho, con voz monocorde que no hace hincapié en lo importante ni decrece en lo que no lo es. Es una voz que adormece porque no le puedes seguir el ritmo, porque no tiene vida. Da excesiva cantidad de detalles; quiere ser entendido a la perfección y abre paréntesis y más paréntesis... hasta que te pierde. Entonces ve que no lo sigues, cree que se debe a que no lo entiendes y te da aún más información. Utiliza mucho los adverbios: claramente, concretamente, evidentemente... Es una persona de datos objetivos, no de opiniones, siempre está dando y preguntando datos. Al hablar gesticula y mueve los brazos como si fueran limpiaparabrisas.

Su forma de vestir es convencional, con aire serio y formal, quizá con un toque original discreto. Una cosa curiosa es que apenas arruga la ropa, no se mueve cuando está sentado.

Su carne es dura, musculosa, y muy seca. Piel bastante gruesa. Huele a madera de roble. Es el más higiénico, se puede duchar varias veces al día y siempre luce un pelo muy limpio y magnífico.

Es muy triste comiendo. Come poco y entiende la comida como alimento más que placer, es el que menos la disfruta: todo crudo, a la plancha o hervido: ensalada, verduras, fruta, todo muy aburrido. Le suele gustar la cocina japonesa y oriental, y en general todo lo exótico. Adora lo precocinado y congelado.

El Constructor es el más fiel sexualmente. Como en todo, aquí también es súper honesto y trabajador. Es muy fajador pero poco imaginativo, un poco rutinario. Es tímido con los sentimientos en general, así que no es efusivo, pero es fiable y cumplido.

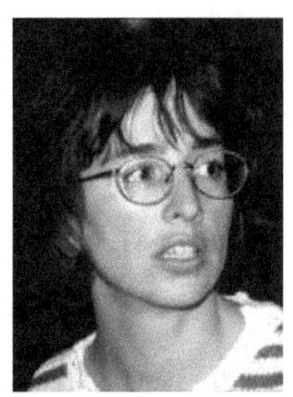 

Personajes Constructores

Los Constructores abundan en el mundo de la empresa, por ejemplo Bill Gates, por citar a alguien destacado, o Florentino Pérez en nuestro país, y entre los científicos: Stephen Hawking.

También en la política, es el caso de Mariano Rajoy, Alberto Ruiz Gallardón, Gregorio Peces-Barba, Josep Borrell, Pedro Solbes o Jesús Caldera. Fuera de España, George Bush (padre e hijo) o Gerhard Schröder.

Entre los artistas tenemos representantes en el cine, como David Trueba, Harrison Ford, Nicole Kidman, Mel Gibson o Grace Kelly. En el mundo de la televisión: Pedro Ruiz, Carlos Sobera o Matías Prats (hijo). También cantantes como Beth (de O.T.), o escritores como Fernando Sánchez Dragó o Juan Manuel de Prada.

Cómo es un Constructor conectado

Cuando se conecta, el Constructor parece otra persona. Además de todas las cosas buenas que ya tenía —trabajador, honrado, leal, buen amigo, sensible, siempre dispuesto a ayudar, etc.—, ahora ha superado las debilidades de su MAPA y ha recuperado sus mejores puntos, que tenía ocultos.

Efectivamente, cuando recupera su orgullo —su talento— el Constructor lo hace empezando por la admiración; ya no rechaza las innovaciones, sino que las valora y admira. También pierde la inseguridad, deja de vivir para parecer, siempre pendiente de la opinión de los demás, y vive para ser él mismo. Es supercreativo, tiene las mejores ideas de todos y las expone con toda naturalidad, siendo aceptadas y reconocidas al instante. Tiene mucha imaginación, y normalmente se interesa mucho más por el arte y comienza a practicar alguno.

Cuando accede a la rabia auténtica —su vocación—, descubre que es una gran cosa, indispensable para poder ser libre. Se da cuenta de que la rabia no tiene por qué llevar a la ruptura, sino precisamente a la erradicación de las mentiras e injusticias que impiden las relaciones sanas. Y ya se atreve a utilizarla, con gran asombro de lo bien que funciona. Cada vez que ve algo injusto, una mala actuación de alguien, tareas que no son suyas y le quieren endosar, ya no transige ni disculpa, dice 'así no' y las aguas vuelven rápidamente a su cauce. ¡No pasa nada!

Como resultado, ya no vive para trabajar, y eso que ahora sí que es el mejor trabajando. Utiliza su tiempo mucho mejor, con lo que es más eficaz que nunca y hace su trabajo en la mitad de tiempo. Ya no se agobia con prisas, tiene tiempo para todo. Comunica de maravilla, sin esa pesadez, sin los eternos paréntesis y los miles de datos, va al grano asertivamente y todos le entienden a la primera.

Se da cuenta de que no todo es racionalidad en la vida. Comienza a vivir sus emociones, y es mucho más inteligente, pues comprende la vida, a sí mismo y a los demás, mucho mejor. Deja la tristeza perenne a un lado y gana muchísimo en vitalidad. Se convierte en el Reactivador pleno, el más capaz de revitalizar cualquier situación, por deteriorada que esté.

Mi amigo y socio Antonio Gálvez es así, un Constructor más que conectado, una maravilla de persona. Es entrañable, íntegro, inteligente, alegre. Un amigo incondicional, comprensivo y atento. Un directivo de excepción, rebosante de sentido común además de conocimientos y experiencia, que aporta toda su armonía a la empresa, fijando como nadie las normas de lo que hay o no hay que hacer, con toda la delicadeza del mundo además, tanto dentro como en nuestras relaciones externas. Extraordinariamente amante de su familia, de su mujer e hija —ambas excepcionales—, de las que sabe disfrutar como nadie. Un gran gourmet, y un magnífico cocinero él mismo. Es una alegría verle, renovada cada mañana.

EL REVELADOR

Emoción hinchada: **Rabia**
Emoción desconectada: **Tristeza**
Emoción prohibida: **Orgullo**

Descripción general

El Revelador es una persona de extrema sensibilidad, auténtico y siempre preocupado de preservar su individualidad. Da muchísima importancia a la justicia: ve el mundo injusto y lo denuncia, rebelándose contra él. Se rebela con rabia, obviamente, por lo que está enfadado a menudo, especialmente con los demás —'la gente', una de sus expresiones favoritas—, a los que acusa de rastreros, de vendidos, de tener cortas miras y de no dejar vivir a alguien puro como él. Pues él cree que actúa correctamente y que los demás se empeñan en hacerle sentir inadecuado.

El Revelador se siente inadecuado en el mundo, pero no porque él actúe mal, sino porque el mundo está mal. Y no le falta razón. Él no condesciende con las actitudes relajadas, y mucho menos con el 'status-quo' injusto que impera. Las medias tintas y las medias verdades no van con él, no es de los que nadan y guardan la ropa. Aunque en ocasiones con poca diplomacia, va de cara y dice lo que piensa. Sin embargo, también le importa la aceptación del grupo, y la busca camuflándose y ocultando su inconformismo, pero tarde o temprano su rabia explota con algún tema y ¡zas! vuelta a empezar.

Es el revolucionario arquetípico, suele darse entre la ideología de izquierdas, y en general entre los que se oponen al régimen, a cualquier régimen. España es un país Revelador, por lo que aspectos de esta tipología los vemos más o menos en todas las personas.

Para el Revelador, no muchas personas se salvan de estar entre 'la gente': éstos son sus elegidos. En realidad, para llevarse bien con un Revelador basta con no ponerlo en entredicho ni dudar de él. Es una persona de extrema sensibilidad, adorable y cariñoso con quien respeta su integridad, el mejor de los amigos, auténtico y fiable hasta el final. Al ser tan sensible, le duelen especialmente las traiciones y las decepciones, y a veces le cuesta pasar página.

Su gran problema es que siempre han dudado de él y lo han descalificado, le han dicho que no era de fiar, que no llegaría a ningún lado, y él se lo ha creído. Así, tiende a tener una pobre impresión de sí mismo y es inseguro, las críticas lo afectan mucho. Es susceptible, a veces considera los comentarios negativos como dirigidos a él, aunque no lo estén. No se permite dar opiniones claras y no tolera actitudes rotundas, seguras, en los demás, las ve como prepotentes. Es muy relativista, de los de "depende, todo depende" y, por encima de todo, el rey del 'Sí, pero...'. Le encuentra peros a toda aserción, hasta que la relativiza. No soporta a los pedantes, a los que se dan importancia, a los que comentan lo mucho que saben de esto o lo bien que hacen aquello, cree que le quieren dejar en evidencia por comparación. Se complace en atacar a cualquiera que se suba, a poco que sea, a un pedestal, justificadamente o no. En general, y aun sin querer, el Revelador ataca mucho a los que lo rodean —y a sí mismo en primer lugar—; incluso cuando se defiende, los demás lo toman por un ataque. En sus peores momentos puede ser envidioso, como si lo que otros consiguen se lo quitaran a él.

Sin embargo, es el más inteligente y brillante, el más rápido pensando, creativo y ocurrente, el improvisador genial: encuentra soluciones sorprendentes a todo, de lo más ingeniosas. A menudo supera a otros con más medios mediante su imaginación, pues es capaz de dar con el atajo, con la solución inmediata y de bajo coste al problema.

Es muy irónico y tiene un gran sentido del humor, siempre está de broma; le encanta jugar, está jugando todo el rato: con los demás —siempre chinchando—, con las palabras, haciendo chistes, frases con segundas... especialmente contra alguien que va de importante. Sin embargo, hay que tener cuidado, no le gusta nada que se tomen bromas con él. En este sentido, hay que decir que emplea una vara distinta para medirse a sí mismo y a los demás, es el más claro ejemplo de "la paja en el ojo ajeno y la viga en el propio".

La libertad es de primera importancia para él, rechaza cualquier cosa que le suponga una merma. Por ejemplo, huye de normas e imposiciones como del diablo. Toda actitud parental o de autoridad le ataca, salvo de alguien que se gane su admiración, entonces le puede mandar. Los galones y otros signos oficiales de autoridad le ponen en guardia —"siempre esconden y protegen a un inútil"—. Por eso se gana fama de rebelde y tiene problemas con sus padres, sus jefes... Cuando no puede oponerse directamente a una iniciativa que él considera que pretende restarle un ápice de libertad, la boicotea haciendo de abogado del diablo.

Para el Revelador, el reducto último de la libertad es el arte. Es el artista por excelencia, magnífico, iconoclasta y rompedor, siempre original. Adora el arte, lo vive como un mundo propio que 'la gente' no puede destruir ni contaminar, donde él puede desplegar su enorme sensibilidad sin temor a que sea dañada. El mundo de la pintura, la escultura, la música, la literatura, allí se siente siendo él mismo, siente que ese es el mundo al que pertenece, y no el injusto e hipócrita que le ha tocado vivir. Por eso en ocasiones es bohemio y se aparta del sistema que tanto lo maltrata.

Lo que más necesita y agradece es que le reconozcan lo que hace y lo valoren. El Revelador no hace nada sin importancia, a todo le da valor, y le encanta que le digan lo estupendo que es y lo bien que hace las cosas. Pero siempre que sea de verdad, ¡ojo! Lo que más odia es hacer o que le hagan la pelota, no lo soporta, así que se debate en la duda todo el tiempo, tratando de discernir si el halago que acaba de recibir es verdadero o no. Le gusta que le tengan en cuenta, que le llamen pidiendo consejo, por ejemplo.

Es informal en todo: vistiendo —nada como unos vaqueros,

odia el traje y se le nota—, hablando, comiendo —le encanta 'picar algo', odia los restaurantes de lujo, con sus camareros tan estirados...—, en sus actitudes y movimientos —rápidamente se pone cómodo, se sienta de cualquier manera, se arrellana en el sofá, cruza las piernas—, siempre ajeno al protocolo. Cree que lo informal es más natural, más auténtico, que la formalidad enmascara normas y personas mediocres. Disfruta de la vida con planes sencillos: la naturaleza, los niños, ir al campo, estar en su círculo de confianza (lo que él llama 'gente normal'). También es muy curioso, le apasiona aprender cosas nuevas, no tanto profundizar en ellas. Es inquieto, aventurero, le encanta moverse.

El Revelador es poco comunicador de sus problemas, los comparte muy raramente. Un consejo completamente Revelador: "Si tienes un problema no se lo cuentes a los amigos, ¡que se rían con otro!". Cree que nadie le va a entender, ni va a analizar su problema mejor que él, ni le va a dar una solución, así que no se lo cuenta a nadie o, a lo sumo, a *una única* persona de su total confianza, con quien lo habla todo. Esto no quita para que el Revelador sea una persona sociable, con muchos conocidos, de estar mucho por la calle y encontrarse con gente. No le cuesta hacer amigos. Por otro lado, al Revelador no le da miedo la soledad. De hecho, en ciertas dosis la soledad es a menudo buscada: necesita todos los días un rato para él, para estar él solo a su aire; si no lo tiene, si está todo el día ocupado con otros o con obligaciones, siente que lo ha perdido, que no ha hecho nada. El Revelador es muy individualista, nunca se mete en la vida de nadie ni soporta que se metan en la suya, afirma vivamente su diversidad y no soporta que lo encasillen.

Tiene un olfato finísimo y muy desarrollado —los sumilleres suelen ser Reveladores—, y abomina de la mentira, la mezquindad y la hipocresía. Caza las mentiras al vuelo, siempre sabe lo que hay y es muy difícil de engañar o manipular, salvo en el terreno sentimental, donde es más vulnerable. Le gusta la gente sana, clara y sin recovecos, y si algo le satisface es quitar la máscara a todo el mundo.

Esté o no en forma, es ágil, se mueve con facilidad y gracia, como un felino. Parece en todo un gato que lo mismo ronronea tiernamente que te saca las uñas y te da un zarpazo. Como a un gatito, le gusta que lo acaricien suavemente y, por ejemplo, lavarse no está entre sus aficiones preferidas; de hecho, de niño —un niño lleno de vida, siempre muy travieso y enredador— al Revelador hay que quitarle la ropa y meterlo en la bañera casi a la fuerza. Su corporalidad es excelente, su cuerpo le responde en todo lo que le pide, por eso son tan buenos en los deportes. Suele padecer del estómago, úlceras y malas digestiones, producto del exceso de rabia. (Se suele considerar que la úlcera provoca mal genio, aunque en realidad es al revés.)

La Rabia como emoción hinchada

El Revelador está obsesionado por la justicia, pero llega a perder la medida y se vuelve justiciero, se la toma por su cuenta. Es un inconformista; nunca, en ningún ámbito, encuentra que reine la justicia al nivel que él desearía.

Detecta todas las injusticias como nadie, aunque también considera como injusticias cosas que no lo son (principalmente pérdidas). Todo lo que estima injusto lo dispara y le lleva a sus típicos ataques de mal genio, en los que no es raro que se pase. Cuando esto sucede —que saque rabia sin motivo, o en demasía, o contra personas inocentes—, luego se siente mal, pues comprende que ha sido injusto. Son muy típicas también las situaciones en que algo le da rabia o le molesta y, aun sin mostrar directamente ira o ponerse a gritar, se torna antipático, mohíno y comienza a decir inconveniencias —borderías—, con el ánimo de que el otro empiece la disputa. Por cierto, querer encolerizar a alguien y que éste no se dé por enterado le saca de quicio, así que escala y escala su actuación hasta que encuentra eco.

Sin embargo, el Revelador nunca ha vivido su rabia hinchada como un problema, salvo en estos accesos puntuales. Antes bien, la suele ver como su mejor faceta, la energía que lo espolea para vivir. Es proclive a darse coba en su rabia, y cada vez que pone a alguien en su sitio se recompensa: "he hecho lo que tenía que hacer".

La Tristeza como emoción desconectada

El Revelador no se permite estar triste, lo ve como una debilidad que no resuelve nada, que no combate los males del mundo. Así pues, transforma la tristeza en rabia: ante una pérdida saca rabia, creyendo que así sí va a solucionar las cosas, o por lo menos no va a actuar como un pobre sumiso. En realidad esto le impide utilizar su enorme inteligencia y le lleva a reacciones explosivas, broncas y hasta brutales. Por ejemplo, llega su hijo sucio a casa y se enfada, le regaña, le tilda de descuidado, de no merecer la ropa que viste. Después se entera de que se ensució al prestar ayuda a un amigo en peligro. Hasta que no se calma no puede pensar, es inútil querer hacerle razonar a gritos.

Como decíamos, el Revelador es el más inteligente. Su inteligencia es, sobre todo, rápida e innovadora, por iconoclasta y por creativa. No sigue los cauces trillados. Si tienes un amigo Revelador, consúltalo cuando estés ante una decisión complicada, siempre te dará un enfoque nuevo que ni se te había ocurrido y, de paso, te desmontará un par de tópicos.

El Orgullo como emoción prohibida

¿El orgullo? Mal, gracias. En su fuero interno el Revelador se valora y se cree la bomba, pero delante de los demás se siente empequeñecer. Cuando se ve como una bomba siempre le viene el pensamiento: "van a pensar que soy un creído, así que voy a callarme". El Revelador siempre está en lucha con su autoestima, necesita el reconocimiento de su valía más que nadie, pero duda continuamente de que éste sea sincero; nunca acaba de salir de este bucle. Aborrece la indiferencia, aun la más inocente la considera una descalificación, y no soporta que lo descalifiquen, bastante se dice a sí mismo que no vale como para que vengan de fuera a incidir en ello. Además, hacer de menos a un Revelador es profundamente injusto, y él lo capta al vuelo y reacciona con rabia.

Tiene miedo a destacar, a sobresalir ante los demás. Le da muchísima vergüenza que le concedan un premio, por ejemplo; si puede evitará por todos los medios ir a recogerlo, más aun si ello conlleva hablar en público. Si destaca, tiene miedo de ser objeto de la envidia de los demás y que se aparten de él.

Al ser su vocación, el Revelador es feliz cada vez que se permite sentirse orgulloso: "Te hinchas y te subes a un globo". Admirarlo de forma auténtica, respetar su posición, contar con él, darle importancia, es la mejor manera de tratar a un Revelador. Y, por supuesto, es la que se merece.

El Drama Existencial del Revelador: *Sí, pero...*

El Revelador está continuamente diciendo 'Sí, pero', no puede hablar sin usarlo. "Qué bueno hace hoy", "Sí, pero no creo que vaya a durar." Da igual lo que se le diga, siempre encuentra peros. Con el 'Sí, pero' añade algo, su guinda, porque nada es perfecto ni acabado, todo tiene sus defectos, que él se apresta a dejar claros. Aunque esté básicamente de acuerdo con algo, al ponerle peros ya no está totalmente de acuerdo. Y es que le molestan las aseveraciones rotundas —las considera prepotentes— y trata de rebajarlas, de quitarles valor. En apariencia está añadiendo información, ayudando, pero en realidad está descalificando. Precisamente lo que no soporta que le hagan a él.

Creencias existenciales del Revelador

✓ **"Si digo lo que pienso nadie me tomará en serio"**

El Revelador está convencido de esto, no porque los demás no entiendan, sino porque lo que tiene que decir carece de valor alguno. O está fuera de contexto: todos discutiendo si algo es rojo o amarillo y él, de repente, ¡es cuadrado! Al Revelador, salvo que esté en un entorno de mucha confianza, siempre hay que preguntarle su opinión en las reuniones, rara vez sale de él darla, ¡y eso que es la única que no se debe dejar de escuchar! Además no se expresa bien, sus ideas siempre son mucho mejores que sus frases, lo cual tampoco le anima a intervenir. Tiene un excesivo sentido del ridículo y se asombra de cómo los demás exponen ideas irrelevantes y hasta estúpidas con el mayor desparpajo. Y entonces llega a su conclusión: "si yo no puedo decir lo que pienso, no dejaré que otros me digan qué debo o no debo creer".

El Revelador es muy escéptico, siempre duda de la información que recibe, especialmente de la información oficial. Siempre piensa que le ocultan cosas, que sólo le dicen lo que quieren y que encima le quieren colar el análisis de la información como si fuera un hecho.

✓ **"La vida no es una fiesta"**

Cree que el mundo es injusto, inadecuado, está mal montado, unos pocos se aprovechan de los más. Por eso hay que luchar y esforzarse mucho más de lo que sería preciso. Hay que estar todo el rato combatiendo problemas que, sencillamente, no deberían existir, pues se basan en la mezquindad de 'la gente'. Y el Revelador se aboca a terminar con esto y concluye: "esto no puede seguir así, lo animaré o lo destruiré de una vez".

Al final, en los momentos de lucidez, el Revelador se da cuenta de que necesita un mundo con injusticias; de igual forma que a un jugador de fútbol le gustaría que todo fueran estadios, pues ahí es donde él se maneja de maravilla, al Revelador las injusticias y desigualdades le vienen al pelo para luchar contra ellas y así demostrar —y demostrarse— que siempre tuvo razón y que su visión del mundo es la correcta. De esta forma da cuerda a su mapa.

Cómo reconocer a un Revelador

Físicamente, lo que domina es el óvalo. Su rostro es ovalado, como el de una estatua griega. El pelo es liso, no muy abundante, normal, pero más bien rebelde, con remolinos. La frente despejada. Con las cejas tiene una característica muy suya: levanta sólo una ceja y baja la otra —una pista para reconocerlo—. Ojos bonitos, grandes y, sobre todo, muy expresivos, llenos de picardía, chispeantes, muy juguetones. Las arrugas laterales de los ojos —las llamadas patas de gallo— muy marcadas. Lo que más llama la atención de su cara es la mirada, muy irónica y burlona, y su boca inquieta, que está moviendo todo el rato y en la que tiene un gesto muy peculiar: la pone asimétrica, la tuerce hacia un lado, normalmente hacia su derecha —también por esto se le reconoce rápido—. La nariz es normal, quizá más pequeña que grande.

Sus manos son también ovaladas, bonitas. Tiene los dedos un poco más finos en la punta que en la base.

El cuerpo del Revelador es el más bonito, perfectamente proporcionado, muy felino, muy suelto, muy gracioso. No tiene ni un solo nudo, cero tensiones, hace estiramiento natural cada vez que se mueve. Generalmente es delgado, ágil; le encanta estar desnudo y, sobre todo, caminar descalzo, en contacto con la tierra. Al sentarse se desparrama como un gato, pero lo hace con mucha gracia, no queda mal. Su piel es suave y su carne firme, de adulto. Es la tipología más sensual en cuanto a estética y corporalidad.

Su forma de vestir es muy informal: unos vaqueros, una camiseta, a poder ser viejos y usados. Lo que busca es estar cómodo.

Al Revelador no le gusta hablar, le da pereza. Habla muy bajito y no se expresa bien. Utiliza muchísimas muletillas: este..., ¿no?, etc. También muchas expresiones informales y con frecuencia tacos. Tiene tendencia a hablar en segunda persona, como si no asumiera lo que dice. Un Revelador nunca interrumpe y se pone a hablar, y hablar en público es casi una tortura para él.

Huele a felino, a cachorro de león. No es muy higiénico, no le gusta mucho lavarse. Lo mismo con la ropa, hay que quitársela y echarla a la lavadora a su pesar.

En cuanto a comida, le gusta picar sin horarios fijos, cuando le apetece, a capricho. Siempre en plan informal, comiendo con las manos, de pie. Más bien tiene poca hambre y come poco (la anorexia es una enfermedad típicamente Reveladora). Le gusta el picante, los platos creativos, apetitosos. También los huevos fritos, patatas fritas, pescaditos, croquetas —todas las frituras son muy del Revelador—. Le encanta la cerveza.

Sexualmente es muy felino, le encanta hacer el amor y lo hace muy bien: sensual, imaginativo, siempre piensa en el otro. También aquí es caprichoso, lo hace cuando le apetece. Es fetichista, sobre todo con los pies, le excita ver unos pies bonitos descalzos. Al Revelador le horroriza que le pasen examen en lo sexual, tener que cumplir. Es muy fiel.

Personajes Reveladores

Entre las personas conocidas de tipología Reveladora, podemos citar abundantes artistas cinematográficos como Alejandro Amenábar, Imanol Arias, Sergi López, José Luis Garci, Humprey Bogart, Richard Burton, James Dean, Paul Newman, Robert Redford, Clint Eastwood, Meryl Streep, Tom Cruise o Bruce Willis.

Abundan mucho los deportistas de élite, especialmente futbolistas como por ejemplo Raúl González o Ronaldo. Periodistas como Juan Luis Cebrián, Iñaki Gabilondo o Julia Otero.

Y también muchos políticos: José Luis Rodríguez Zapatero, Alfonso Guerra, Tony Blair o John F. Kennedy.

Cómo es un Revelador conectado

El Revelador conectado es alguien seguro de sí mismo, no depende ya de la opinión de los demás, no duda de sí. Se expresa bien, sin necesidad de muletillas ni rodeos, pues sabe lo que quiere decir y lo dice sin ambages. No habla con vacilaciones, ni en segunda persona, sino que es asertivo. Cuando habla, declara.

El Revelador conectado no necesita ya ver el mundo lleno de injusticias para justificar su forma de ser, él ha aprendido que hay un orden justo que impera por encima de la actuación puntual de unos u otros. Esto le permite vivir mucho más tranquilo.

La tristeza es el verdadero *talento* del Revelador, y cuando la conecta es un maestro como nadie. La persona más sensible, siempre dispuesta a ayudar, y la más inteligente. Es capaz de realizar un análisis de la situación global, hasta el núcleo, en décimas de segundo, desechando de paso todos los prejuicios y falsedades que estaban enturbiando la visión del problema. Dice un Revelador: "Yo a veces noto que tengo una clarividencia especial, que veo las cosas y creo que son obvias y todo el mundo las ve como yo. Como está tan claro no digo nada, aunque luego noto que los demás no lo habían visto".

Y si ya es difícil engañar a un Revelador, a uno conectado es absolutamente imposible. Detecta al instante hasta la más sutil de las manipulaciones, por eso es el mayor especialista en descubrir y poner en su sitio a las personas tóxicas.

Más allá de lo creativo que es siempre, cuando conecta el orgullo el Revelador es un creador magnífico, un verdadero artista que rompe moldes e inaugura épocas. Es así el Promotor pleno de una nueva visión de las cosas, más libre y auténtica.

El mejor ejemplo de todo lo que digo es Leopoldo Azancot, a quien admiro profundamente. Un escritor genial, un gran innovador. Es una persona extremadamente culta, que disfruta con el saber y el arte como nadie. De extraordinaria inteligencia, sintético hasta el extremo, capaz de condensar multitud de conocimientos y experiencias en una pocas frases que asombran por lo certeras. Al mismo tiempo es una persona de enorme sensibilidad, cuenta con una capacidad especial para escuchar a los demás y siempre dispone del mejor consejo u observación posibles. Tiene una gran capacidad de amar a los que lo merecen y, de igual manera, de confrontar a los tóxicos para proteger de sus manipulaciones, que detecta al instante. Un gourmet excelente, por cierto, da gusto verle disfrutar con una buena comida. Y adora París, por supuesto.

EL LEGISLADOR

> *Emoción hinchada:* **Orgullo**
>
> *Emoción desconectada:* **Alegría**
>
> *Emoción prohibida:* **Amor**

Descripción general

El Legislador es una persona honesta, íntegra, cabal, buen ciudadano, cumplidor de las leyes. Cree en las leyes, si por él fuera habría más y se cumplirían a rajatabla. Es una persona de categoría y está orgulloso de ello, tener buena imagen de sí mismo es importantísimo para él; es el inventor del concepto del *honor*. Es un caballero —o una dama— en todos los sentidos; un gran anfitrión, le encantan las relaciones sociales. Es cortés, aunque distante; es elegante, viste bien y, sobre todo, tiene porte. Le gusta el lujo y las cosas de calidad: buenos restaurantes, vinos, hoteles...

Es muy tradicional, prefiere las cosas de toda la vida, siempre bien hechas. Especialmente las instituciones que desafían el tiempo: la familia, la patria, etc. En realidad le gustan todas las instituciones, pues lo suyo es la Civilización, le fascina la historia y, en general, la cultura; le gustaría saberlo todo, y a menudo devora libros y es muy culto, se sabe de memoria pasajes enteros de los clásicos —sobre todo poesías— que declama siempre que puede.

Tiene capacidad de pensamiento macro que le hace apto para entender la economía, la política, la historia, las distintas civilizaciones y religiones, y para captar la esencia de las cosas y proyectarlas al futuro: tiene visión. No es innovador, ni rompedor, es más dado a consagrar lo que ya está establecido como modelo de referencia o aportación genial, por eso adora a los clásicos. Es la tipología más dedicada a mantener la sociedad tal y como es.

El Legislador es una persona de opiniones y creencias, emite juicios de valor continuamente y juzga a todo el mundo, sin querer y sin parar. Incluso a veces prejuzga, emite veredictos sin suficientes elementos, sin conocimiento, porque le han dicho. No está pendiente de lo que piensen los demás de sus actuaciones, el que tiene que estar satisfecho es él mismo. Nunca hace cosas por agradar o por el 'qué dirán', no se molesta en quedar bien, el que no lo acepte como es, peor para él. Por las mismas razones, es un defensor a ultranza de la verdad, detesta profundamente la mentira porque para él es rebajarse, y él no se rebaja ni tolera a los que lo hacen. Ve una falta total de respeto en la mentira. Hay veces que puede parecer intransigente, pero en realidad está tratando apasionadamente de que no se cuelen mentiras. A él le cuesta muchísimo mentir, y lo hace mal. Si le descubren en una mentira se cree morir.

El Legislador es enormemente ordenado, hasta el punto de que los demás le llegan a ver obsesionado por el *orden*. Es incapaz de ponerse a trabajar o hacer cualquier cosa en un entorno desordenado, le crea tensión y le impide concentrarse. Más allá del orden, lo que necesita es tenerlo todo bajo *control*, saber lo que va a pasar y tener las riendas, evitar sorpresas: "El orden exterior me da tranquilidad y ya comienzo a controlar el espacio físico, lo siguiente que controlo es la situación, lo que tiene que pasar, y además necesito entender por qué". Por eso lo que más valora en un colaborador es que sea fiable, que cumpla su cometido, y poderse quedar tranquilo de que lo va a hacer bien, alguien que va a hacer lo que tiene que hacer. Su afán de controlar es tremendo, y este tener que anticipar todo lo que pueda pasar no le deja nunca relajarse completamente. Sufre y hace sufrir aún más por ello, pues se convierte en perseguidor.

Hablando de controlar, el Legislador tiene gran tendencia a decir a los demás lo que tienen que hacer o, al menos, lo que deberían hacer. Para ello adelanta su dedo índice y pontifica, o riñe, según la situación. Adelantar el dedo, o levantarlo, tiene para él otro significado, el de destacar, el de no ser uno más. El Legislador odia formar parte de la masa, de 'la gente', hacer lo mismo que los demás, por eso no aguanta los atascos y las aglomeraciones. Siempre trata de sobresalir de alguna manera, le encantan los privilegios y ser el protagonista.

Como decíamos, el Legislador es una persona recta en todo: en su conducta, en su pensamiento... y como tal le gustan las cosas rectas, bien hechas. Es esclavo de su palabra, sólo tiene una y lo que dice lo mantiene. No soporta a la gente que cambia de opinión, de parecer, a los que dicen algo para agradar o para salir del paso y luego no lo respetan, a los que lo mismo les vale una cosa que otra. Exige coherencia, lo contrario le parece una falta de respeto absoluta. Y para él, que lo respeten es lo primero, lo más fundamental. Me contaba un amigo Legislador que rompió con uno de sus mejores amigos porque se puso a hablar por el teléfono móvil en su boda: "Es intolerable, inaceptable. Como cuando estás reunido con alguien y acepta todas las interrupciones, no lo aguanto. Si quieres estar conmigo estás, si no te vas". Él está más que preocupado por el estatus, por ser y parecer importante; puede cometer muchas tonterías por esto, y si lo hacen de menos —sobre todo en público—, no lo perdona.

El Legislador tiene una excelente imagen de sí mismo y se esfuerza por mantenerla. Tiene un gran amor propio y afán de superación. Cuando se propone algo, no para hasta conseguirlo, no se lo perdona si no. Hace las cosas por él mismo, por pundonor, no por los demás. Es un perfeccionista, el primero que tiene que aprobar su trabajo es él mismo, tiene que asumirlo para sentirse satisfecho, si no supera su propio examen se siente fatal, aunque nadie lo haya visto ni sepa nada. Es muy exigente, sobre todo consigo mismo. Tiene un sentido de la responsabilidad desmedido, lo que le lleva en ocasiones a exagerar su honradez y pasarse de rosca: ante la más mínima posibilidad de que se le culpe de abusar, no pasa ningún gasto a la empresa, ni los estipulados. Luego ve —un poco extrañado— que no se lo valoran, y se reafirma en que no hay nadie tan recto como él.

Le encantan los rituales, los tiene para todo, así dota a las cosas cotidianas de un sentido especial que las despoja de la vulgaridad.

Es muy buen vendedor y relaciones públicas, en gran parte porque transmite esa sensación de integridad, de que él no se pringa, de que dice lo que piensa y lo que sabe, y lo va a mantener. Por otro lado, es poco flexible, muy tozudo. No escucha y hace cualquier cosa por quedar de pie —demostrar que tiene razón— y por encima de los demás.

Al Legislador le encanta comer, un buen restaurante, un buen vino, un buen servicio. Comida formal, mantel de tela y tres platos. Con una buena conversación, adora las tertulias con sus amigos y gente de confianza. Bueno, lo que principalmente le motiva es hablar y que le escuchen, lo de atender no le va tanto. Y para escucharle hay que armarse de paciencia, pues te contará por enésima vez sus interminables historias y tendrás que asentir y soportar hasta que él tenga a bien. Viajar es otra de sus aficiones favoritas, y la playa, le vuelve loco, es el sitio ideal para él —¡perfecto, si no fuera por toda la gente que va!—. Sobre todo buscar playas nuevas, probarlas todas; no se queda en ninguna porque todas tienen pegas. El Legislador siempre está buscando, probando; si no, tiene la sensación de poder perderse algo mejor, lo que refleja una incapacidad de disfrutar del presente.

Es amante del arte, generalmente clásico y establecido: la pintura, la arquitectura, la literatura, la música. Tiene muy buen gusto, es su sentido, lo demuestra en todo: la decoración de su casa —clásica y elegante—, su forma de vestir: le encanta —y lo hace muy bien— elegir ropa y combinarla; suele tener multitud de complementos, y joyas si es mujer.

Admira el poder conseguido por medios éticos y válidos. El que llega muy arriba porque se lo merece, porque lo vale. El Legislador es muy buen jefe —mira muchísimo por su gente—, y tiende a ocupar puestos altos. Tiene ambiciones y se cree con derecho a ellas: "Nada es pedir demasiado". Para aceptar él a un jefe tiene que admirarlo, por sus cualidades y su saber. Sobre todo valora al líder visionario, el que abre caminos y marca direcciones, el que tiene visión, el que ve más lejos y se anticipa. No soporta un jefe que vaya por detrás de él, no lo acepta como tal.

Cuando un Legislador sonríe, su cara se transforma, se ilumina, es la sonrisa pura y limpia de un niño sin mácula alguna. Sueña con la libertad total, lejos de las ataduras que la sociedad impone, donde pueda hacer lo que quiera; pero una vez despierto, ni se lo plantea. Es él mismo quien se lo prohíbe. Lo que le va de verdad es el *'far niente',* pero es incapaz de asumirlo, tendría tal sentimiento de culpa, de perder el tiempo, que no puede ni planteárselo, la voz del deber le recuerda sus obligaciones a cada paso. Por eso es muy proclive a los diálogos internos; cada vez que se relaja, le surgen pensamientos como: pero qué haces aquí, estás haciendo el ridículo, qué pérdida de tiempo, dónde vas a ir así, etc. Es terrible, en cualquier momento de relax, de no hacer nada, tiene presente todas sus tareas pendientes, torturándole.

Para el Legislador la trascendencia es fundamental, desde pequeño le ha preocupado. El anhelo de pasar a la historia, de hacer algo significativo por la Humanidad, que quede cuando él ya no esté, no le abandona. Es muy importante para él pensar que su obra no va a desaparecer con él, que algo va a quedar. También la espiritualidad; se pregunta constantemente qué habrá después. Suele ser creyente y, aunque no lo practique, considera el Cristianismo como una referencia imprescindible.

El Orgullo como emoción hinchada

El Legislador vive el orgullo hinchado desde pequeño. Se siente superior a todo el mundo, es siempre el más listo, el mejor. Encuentra la solución que no encuentra nadie, se mete por el atajo... Todo lo que le haga sentirse superior le encanta. El Legislador se ve casi perfecto. Bueno, tiene sus defectos, pero muchos menos que los demás, sobresale ampliamente. Basa su sentido de la perfección en la honestidad, en el rigor, en el control, en todo lo que debe ser, y eso le lleva a sentir que hace siempre lo correcto, y lo sitúa en un escalón superior. La modestia no se inventó para él. Obviamente, está encantado con ello, ve su orgullo hinchado como un don, jamás como un problema ni como algo que lo limite.

Se manifiesta también en un amor propio increíble, tiene que hacer lo que se propone por encima de todo y cueste lo que cueste. Si hay algo que no hace bien, se pone a ello no sólo hasta hacerlo, sino hasta bordarlo. Si llega a abandonar, lo descalificará con todas sus fuerzas, encontrará mil argumentos para echarlo abajo.

La Alegría como emoción desconectada

Todo Legislador tiene fama de aguafiestas. Las celebraciones le parecen una frivolidad, todo lo festivo es una pérdida de tiempo. Cuando más animada está la charla, llega él con su actitud parental y su dedo acusador a recordar a los presentes que aún hay trabajo por terminar. Igualmente, y aunque venera a su familia, puede tener problemas generacionales con sus hijos. No así con sus nietos —pues ya no tiene la responsabilidad—, es un abuelo vocacional, permisivo y amoroso.

La diversión le supone una carga adicional innecesaria, tener que invertir tiempo en algo tan improductivo. Le gusta la gente alegre sólo para un ratito, le parece inconsciente.

El Amor como emoción prohibida

El Legislador ve el amor como un tema muy complicado, le cuesta mucho asumirlo. Salvo en la familia, que idolatra —sobre todo a sus padres, los ve perfectos, intocables—, es muy independiente y está solo en la vida. Pero no busca compañía, está así muy bien. Bueno, no está tan bien, pero estar acompañado no le parece mejor. La soledad le encanta, siempre que no sea impuesta. Estando solo nadie le molesta, nadie le fuerza a hablar si no quiere, nadie le atiende, es perfecto.

Cuando hay otra persona, ya no es perfecto. Tiene que adaptarse, no molestar, procurar complacer. Recibe mucho a cambio, pero tiene que forzarse, porque él no es así, y no tiene claro que le merezca la pena. Le gusta estar rodeado de gente feliz, pero no tanto dedicarse a hacerla feliz. En realidad, lo que le gusta, le chifla, es estar con gente que sea feliz haciendo lo que él quiere que haga.

En el fondo, el Legislador es una persona extraordinariamente humana e idealista, pero no actúa como tal porque cree que el mundo no lo merece, que no lo van a saber apreciar; le da miedo porque no se fía de la respuesta. Es un amigo fiable y entrañable, aunque es muy difícil llegar a serlo: tiene pocos amigos de verdad y son, generalmente, personas que conoce desde hace mucho, desde la infancia a veces, y en los que considera que sí puede confiar.

El Drama Existencial del Legislador: **Defecto**

El Legislador le encuentra defectos a todo, no lo puede evitar. Ve las cosas imperfectas, mal hechas, las carencias le saltan a la vista por más que no se quiera fijar. Y como siempre dice lo que piensa, pone de manifiesto los defectos. Le buscas con toda ilusión el hotel más precioso y, al llegar: "¿Este es el hotel tan bonito que habías encontrado?"

El Legislador va de perfecto, poniendo pegas a todo. Es lo que peor soportan de él los demás. Él dirá que lo hace para mejorar las cosas, pero en el fondo está tratando de salvaguardar su superioridad de todos y todo lo demás. Él es perfecto y todo lo demás no.

Creencias existenciales del Legislador

✓ **"La vida no es una fiesta"**

El sentido del deber lo impide. El Legislador cree que el ser humano tiene tendencias disolutas, a la relajación, a las bajas pasiones, y ha de esforzarse para reconducirse por el buen camino: el del deber, que es el que da buenos resultados. El deber cumplido es la única fuente lícita de satisfacción para él; después de la tarea cumplida a la perfección se puede sentar y disfrutar, nunca antes o en vez de. Y ni siquiera entonces, porque cuando termina una tarea ya tiene otra esperando.

El Legislador asume que la vida es esfuerzo, y decide aguantarlo dignamente.

✓ **"En este mundo no habrá justicia para mí"**

El Legislador se ve como un caballero andante, un Don Quijote que va haciendo el bien y deshaciendo entuertos, señalando lo que está mal para que se mejore, mientras que los demás le toman por un prepotente y un inquisidor. No lo entienden, no le hacen justicia. Él, que es mejor, decide entonces que aun así él sí será un juez justo de los demás.

Cómo reconocer a un Legislador

La forma que domina en el Legislador es el rectángulo, y lo que más resalta es su estructura ósea: tiene huesos fuertes y largos, en general es huesudo. Su cara es rectangular, larga, con barbilla marcada. Rostro grave. El pelo es grueso, no muy abundante, más bien lacio y ondulado, casi nunca rizado. Tiene la frente más alta de lo común, con surcos horizontales en su parte alta y entradas a ambos lados; también comienza a perder pelo por el centro de la frente. Las cejas bien diseñadas, normal de pobladas; cuando te pasa examen las levanta de forma peculiar, más altas por el centro, formando un acento circunflejo. De tanto fruncir el ceño, tiene dos arrugas verticales justo en el entrecejo. Los ojos son pequeños y con mirada fija, la nariz grande, muchas veces aguileña. Los labios son finos y caen hacia abajo en los extremos, en expresión triste. En hombres, es la tipología más dada a dejarse barba.

El cuello es ancho, grueso y largo, rectangular. Los hombros anchos, las caderas muy estrechas, los glúteos apretados y el culo hacia dentro. El tronco, desde las axilas a los muslos, es otro rectángulo.

Los brazos son más largos de lo normal, los muslos también largos. Las manos son rectangulares, largas y rectas, con dedos largos y finos, muy elegantes. Los pies son igualmente largos y elegantes. En general el Legislador es alto y delgado, detesta la gordura en sí mismo y en los demás. Se fija mucho en eso. Anda erguido, con mucha clase, como si llevara un libro en la cabeza.

Su forma de vestir es muy formal, muy cuidada, con ropa clásica y buena, por lo general cara. Siempre perfectamente combinada y armonizada.

Tiene una voz grave, profunda, que le sale del estómago. Cuando habla tiene un lenguaje muy cuidado, con amplio vocabulario y una gran fluidez verbal, es muy culto y educado. Mete anécdotas personales por todos lados y adora las tertulias. Muestra un lenguaje muy formal y no soporta los tacos. Cuando habla da muchas opiniones y creencias personales, y emplea muchas generalizaciones.

Está muy definido sexualmente y huele a macho o a hembra. Su carne es seca, muy densa y prieta, tanto que tu dedo rebota en ella como si fuera de caucho.

Hablando de comida, el Legislador es el mejor gourmet, le encanta comer. Mesa con mantel, dos platos y postre, todo con su ceremonia. No es un persona de riesgos, prefiere la cocina tradicional: un cocido, un asado, una fabada... desconfía de la nueva cocina aunque, como en todo, le gusta probar. También le encanta el vino y el queso. Si te recomienda un restaurante, puedes ir con los ojos cerrados.

El Legislador es el que más ama el sexo, pero también es el más reprimido. Se excita, pero luego se culpabiliza, se flagela, se martiriza y no deja fluir su sexualidad. Tiene un gran apetito que nunca satisface completamente (le aterraría caer en 'El Imperio de los Sentidos'). Suele hacer el amor en días concretos, prefijados, y no otros. Cuando le gusta alguien se avergüenza y baja la mirada, no le mira a los ojos.

Personajes Legisladores

Entre los Legisladores hay muchos políticos, como Manuel Fraga, Rodrigo Rato, Julio Anguita, Santiago Carrillo, Leopoldo Calvo Sotelo, Esperanza Aguirre, José María Álvarez del Manzano y, fuera de España, Jacques Chirac, Silvio Berlusconi o Fidel Castro. Y líderes en general, como el Papa Woytila.

Grandes científicos como Albert Einstein, escritores como

Cervantes, León Tolstói, Joseph Conrad, Gabriel García Márquez y artistas como James Stewart, Cary Grant, Sean Connery, Julia Roberts o Jesús Vázquez. Y modelos, casi todas las grandes modelos son Legisladoras.

Cómo es un Legislador conectado

Como ocurre con todas las tipologías, el Legislador conectado es otra persona. Pierde la manía de decir a todo el mundo lo que tiene que hacer y la obsesión por el orden y por controlarlo todo. Deja de perseguir y de señalar los defectos en lo que hacen los demás. Ya no idolatra tanto las instituciones —la familia, la empresa—, es más flexible en sus planteamientos. Y tampoco es el latazo de antes, ahora merece la pena escucharle, es muy animado, el mejor contando anécdotas y chistes.

Es innovador, tiene el orgullo auténtico que sustenta la creación verdadera. Le encanta encontrar cosas bien hechas para admirarlas —¡qué maravilla!—, le hace sentir que merece la pena ser humano si hay personas capaces de semejantes creaciones.

Se autoriza a fluir mucho más. Cuando está en un entorno que se lo permite, con seguridad y confianza, fluye como nadie y disfruta absolutamente de todo. Es muy alegre, muy permisivo, le gustan las fiestas, los bailes, todo lo que antes consideraba frívolo e irresponsable. Tiene alegría de vivir, disfruta con todo, también con el sexo. Es un amante fantástico, el más romántico.

Es la persona más preocupada por la trascendencia. Siente

la presencia de Dios en todo: en un árbol, en un niño... es muy espiritual. Se siente muy a gusto en los templos: una iglesia, una mezquita, una sinagoga. Primero porque reina una actitud respetuosa, los fieles tienen un código superior a ellos que respetan. Y luego por la carga espiritual, la gente rezando e intentando conectar con algo superior, eso le crea una atmósfera especial.

Ya no está por encima de los demás, está con los demás. Es muy cariñoso y cercano. Aprende que el amor es una forma de trascendencia; mientras haya gente en el mundo a la que ha amado y por la que ha sido amado, él permanece.

EL REACTIVADOR

> *Emoción hinchada:* **Amor**
> *Emoción desconectada:* **Miedo**
> *Emoción prohibida:* **Alegría**

Descripción general

La vida, para el Reactivador, está basada en el amor. Lo considera lo más importante, la energía que mueve al mundo. Es una persona solícita y leal, se olvida de sí para darse a los demás y es la única tipología que sabes que nunca te fallará. Está constantemente atendiendo a los que le rodean, y no para hasta ver un atisbo de felicidad en sus ojos. Es todo menos cómodo, se mete en los problemas ajenos —los hace suyos— y se la juega por los demás.

El Reactivador procura siempre que cada contacto con él sea nutritivo. En este sentido, la forma con que mira a quien tiene enfrente es muy característica. Lo escucha con la cabeza ladeada, asintiendo todo el rato y lo mira a los ojos, intentando ver su interior para encontrar la causa de su dolor y tratar de aliviarlo. El otro percibe que se interesa por él, que le da calor, y también que realmente no está atento a lo que le está contando, que está a otra cosa. Generalmente, cuando termine de hablar, el Reactivador ya habrá encontrado algo y llevará la conversación por ahí.

Es una persona básicamente emocional, la que más. Vive por y para sus emociones, que son siempre muy extremas en él. Es pura emoción; la que destaca, desde luego, es el amor, aunque todas son fuertes y son lo que mueve al Reactivador. Ahora que la atención a las emociones se está imponiendo, incluso en el ámbito laboral, está encantado: él siempre lo ha visto así y ha actuado así.

Otra cosa que lo caracteriza es su sinceridad, siempre dice lo que piensa y en el momento, nunca se calla su opinión ni se la reserva para mejor ocasión. Es muy directo, llega a chocar por esto a los demás, que no están acostumbrados. En general es muy extrovertido y no tiene secretos para nadie, le cuenta sus cosas más íntimas casi a cualquiera. No tiene tapujos hablando, es muy claro, se muestra como es y totalmente. Además piensa que los demás son como él, así que cuando no le responden de la misma forma, se queda muy extrañado. Y entonces se da cuenta de que son los demás los que lo ven a él como un bicho raro, y como eso no le gusta, empieza a hacer lo imposible por ser como ellos, es su ideal. Pero los otros no acaban de verlo como una persona más, o lo ensalzan o lo denigran, pero nunca lo tratan como a un igual.

Al Reactivador le cuesta mucho identificar cómo son los demás, en especial ver o admitir su lado negativo. "Todo el mundo es bueno" es su máxima. Él no concibe el mal consciente, hecho a propósito, ni lo entiende ni lo ve —si acaso en sí mismo—. Si intentas convencerlo de que alguien ha obrado mal, encontrará mil disculpas a su comportamiento y no lo admitirá. Aunque le pongas al lado de la peor persona del mundo, siempre pensará que sigue siendo una persona, que algo bueno tendrá y que debe hacer todo lo que pueda por recuperarlo. Le es muy difícil descartar totalmente a alguien.

Y aunque él se porta bien con todos, el Reactivador tiene continuamente la experiencia de llevarse decepciones, traiciones de gente a la que da su amor, en la que se vuelca, y de la que sólo recibe desagradecimiento, o incluso recriminación. Cuando mira atrás ve una larga lista de personas por las que hizo mucho, por las que luchó, y que han desaparecido. Al principio no lo entiende, después lo asume, pero eso no le hace cambiar, pues cree que a la siguiente todo irá bien. Y, desde luego, nunca le oirás quejarse por ello.

El Reactivador es orgulloso y muy digno, nunca pide nada ni se doblega ante nadie. Lo único que le interesa son las personas como personas, no da importancia alguna a los cargos, los títulos o las posesiones. Él se ve a sí mismo como un príncipe, le gusta ser diferente, no sentirse parte de la multitud. También le interesa liderar proyectos y organizaciones, cree que la función de un líder es lograr que cada cual saque lo mejor que tiene, y él es buenísimo poniendo a cada uno en el puesto que mejor le va, donde más puede dar.

El Reactivador maneja muy bien su tiempo: es una persona muy vital y animada que despliega una actividad impresionante, y aún así está siempre disponible. Lleva vida a todo lo que toca, de ahí el nombre de la tipología. Es un trabajador incansable que va de lleno a los problemas y los afronta directamente. Es un luchador, no soporta la pereza ni el abandono; no puede entender que alguien decida no hacer nada, que tire la toalla, cuando lo único que cabe en la vida es luchar por que las cosas cambien y sean mejores. Eso sí, es incapaz de llevar a cabo un trabajo repetitivo. En realidad, lo que le motiva de verdad son los retos. Cuanto más difíciles, mejor. Cuando oye algo que aún no ha conseguido nadie, allí va de cabeza.

Por otro lado, el Reactivador se descalifica mucho, en todos los aspectos, por ejemplo en su inteligencia. Ve a los demás como más inteligentes, cuando él tiene una inteligencia muy brillante y asombrosamente conceptual. Aunque quizá el ejemplo más claro sea su cuerpo: aunque suele ser una persona hermosa, de rostro y de cuerpo, él siempre se ve menos bello de lo que es. ¡Si hasta dicen que Ava Gadner tenía complejo de fea! En general el Reactivador no se preocupa por su cuerpo en absoluto, de hecho se siente un ser espiritual atado apenas a lo material. No se cuida —en cuanto a salud— y, por ejemplo, va siempre al médico mucho después de lo que debiera. Salvo contadas excepciones no destaca en los deportes ni en ninguna actividad eminentemente física.

Al Reactivador nada le da miedo, llega a ser temerario puesto que no ve el peligro. Si le vienen a atracar con un arma, lo primero se sorprende de que eso sea posible e inmediatamente se indigna y se enfrenta. Tiene los componentes clásicos del héroe: desprendido y temerario —es decir, amor hinchado y miedo desconectado—. Se pone delante de un toro, se presenta voluntario para las misiones más arriesgadas —y arrastra a los demás—, pero si le dices que es un héroe sentirá asco de ti y se irá.

Lo que más le interesa al Reactivador es tener una relación directa con Dios. Es muy espiritual, Dios es muy importante para él. Sin embargo, casi nunca es religioso; la religión, cualquier religión, le parece una traba más que una ayuda. El Reactivador no acepta intermediarios en nada, quiere tratar siempre con la cabeza, y ve la religión como un intermediario ante Dios —le rezas a sus santos para que ellos intercedan—, así que no le interesa. Él va directamente.

Lo siguiente más importante para él es hacer el amor. En general, el amor de pareja tiene un papel central en su vida, y como no es nada platónico, cuando se enamora consuma lo antes posible. Es muy fiel, es monogámico, mientras está con alguien no piensa en nadie más. Si, después de mil intentos y oportunidades, comprueba que su pareja no le responde, busca otra. No protesta ni se queja, simplemente un día se va. Siempre tiene las maletas listas, parece un nómada del desierto, por eso nunca ofrece amor eterno. Por supuesto, si encuentra a alguien capaz de dar más que él, será su amor para toda la vida. No es nada celoso; es más, si lo dejan a él se alegra por el otro, por que haya encontrado a alguien mejor con quien compartir su vida, y le alienta sinceramente. En cualquier caso, nadie que haya sido amado por un Reactivador lo podrá olvidar en su vida, por larga que sea.

Le gusta mucho bailar, que le hagan reír y estar con sus amigos, en intimidad, sobre todo por la noche, le encanta estar con ellos hablando hasta el amanecer. También le gusta cantar; los cantantes más románticos, los que más transmiten, son Reactivadores. Otra cosa que le suele gustar son los toros —prácticamente todos los toreros son también de esta tipología—, y aunque le da mucha pena la muerte de cualquier animal, ve gran dignidad —y hasta amor— en la lucha entre el toro y el torero.

Por el contrario, odia la hipocresía y la falta de entrega. Rendirse sin lucha, la falta de compromiso, el que promete y no cumple. Otra cosa que no soporta es la cobardía, lo puede perdonar todo en una persona menos eso, le parece una degradación.

No hay Reactivador que no sea artístico. Y para él la cocina es el máximo arte, porque es puro amor, es para los demás. Es siempre un excelente cocinero. También le apasiona la pintura —no en vano la vista es el sentido del amor—, muchos de los grandes pintores de la historia son Reactivadores, entre ellos El Greco, Rembrandt, Van Gogh, Chagall, y Preciada, por supuesto.

El Amor como emoción hinchada

El Reactivador da amor a todo el mundo, es la misión que se ha encomendado en la vida, su aportación para lograr una existencia mejor para todos.

Así que lo da todo y no pide nada. Y sin embargo, él cree que pide más de lo que da. En realidad da todo lo que puede, que es muchísimo, y lo único que espera es no ser traicionado. Aunque él quiere a todos, no se ve merecedor de amor.

El problema del Reactivador es que trata a todo el mundo de la misma forma, a los buenos y a los malos, no discrimina a quien ha de dar su amor, por eso se lleva tantas decepciones. Es más, a menudo se pone de parte de los peores —"son los que más me necesitan"— e intenta redimirlos. Se dice: "Me he llevado una decepción aquí, pero a la siguiente seguro que no lo vuelve a hacer, así que lo volveré a intentar". Es muy optimista.

El Miedo como emoción desconectada

El Reactivador no tiene percepción de miedo. No ve peligros, está seguro. Es más, el miedo le da rabia: "Antes muerto que miedoso". La vida no le da miedo, ni tampoco la muerte. No teme perder su trabajo, o cosas así. Perder a los que quiere sí le asusta, pero no se lo plantea.

En realidad su único miedo es a dejar de hacer, por pereza o cobardía, algo que pueda hacer por alguien. Eso lo ve como traicionar a Dios.

La Alegría como emoción prohibida

El Reactivador es una persona optimista y se siente alguien alegre y feliz y, sin embargo, se prohíbe la alegría verdadera, la que proviene del amor. En cuanto el amor va a devenir en alegría, lo rechaza. En este sentido es ilustrativa la relación que el Reactivador tiene con su familia, su mujer y sus hijos, que es siempre su asignatura pendiente. Él adora a su familia y lo sacrifica todo por ella, y sin embargo él es el único que lo sabe, pues ellos casi ni lo ven, nunca está.

Así es siempre, cuanto más quiere, menos presencia. Disfrutar del amor lo ve como egoísmo o como ruindad. Si ya sabe que lo quieren, suelta y se va a buscar alguien nuevo; si sigue allí para disfrutar es para él como si cobrara una renta, un royalty. Nunca llega el momento de disfrutar para él: si monta un equipo de trabajo maravilloso que funciona fenomenalmente y consigue resultados, llegado el momento de la celebración él seguirá pensando qué hacer para que ellos estén bien. Nunca se puede relajar y divertirse, nunca lo cree merecer.

El Drama Existencial del Reactivador: **Sólo quiero ayudar**

Con la mejor intención, el Reactivador se inmiscuye en la vida de los demás y trata de arreglarles sus problemas. Como dijimos, siempre está tratando de ver qué es lo que le preocupa o le aflige al que tiene al lado, para ayudarle. El caso es que los demás no siempre quieren ser ayudados, y en ocasiones se revuelven contra el Reactivador, que entonces entona el 'Yo sólo quiero ayudar'.

Es lo que en el MAT se llama actitud salvadora, la del que quiere ayudar al otro aunque éste no quiera, poniéndose por encima de él en realidad. Cuanto más difícil, mayor es el reto, y con más ahínco se entrega el Reactivador. Es transformar el miedo a invadir —que debería sentir— en amor salvador y compulsivo. De esta forma se ve más amoroso que Dios, pues Dios sólo ama a los buenos y él ama a todos por igual, sean buenos o malos.

Creencias existenciales del Reactivador

✓ **"En este mundo no habrá justicia para mí"**

El Reactivador no se siente reconocido por todo lo que hace por los demás, ni por sus esfuerzos en favor de la felicidad ajena. Él se olvida de sí mismo para ocuparse de los otros, y éstos no lo agradecen, en ese sentido se siente tratado injustamente. Aún así, nunca se permite juzgar a nadie ni recriminar nada.

✓ **"Nadie puede amar como yo"**

El Reactivador siente que ama como nadie, y es verdad. Su amor es inolvidable, su huella es imborrable. El hueco que deja un Reactivador cuando se va no lo llena nada, salvo otro Reactivador. Ante la falta de amor de los demás, él se asigna el papel de amar a todos incondicionalmente, así pues él amará a todos y por todos.

Cómo reconocer a un Reactivador

La forma que domina en el Reactivador es el triángulo. Su cara es triangular, generalmente con el mentón puntiagudo. El pelo es fino y abundante, normalmente liso. O bien lo lleva largo o muy corto. La frente despejada, con marcas en el entrecejo que convergen hacia arriba, las cejas pobladas y anchas, unidas en el entrecejo. Cuando habla mueve ambas cejas arriba y abajo, como si fueran las alas de una gaviota que vuela. Tiene los ojos más grandes y más bonitos de todas las tipologías, es lo más extraordinario de su rostro, muy expresivos, con mucha alma. Son ojos románticos, almendrados, rasgados, en general claros. Un poco melancólicos.

En su boca se nota su sufrimiento —que reprime, no quiere que trasluzca cuánto sufre—, tiembla como la de un niño a punto de echarse a llorar. Tiene los labios muy marcados, muy perfilados, con forma de corazón.

Muestra unas líneas de expresión muy características, surcos que descienden de las aletas de la nariz hasta la comisura de sus labios, líneas que denotan también su sufrimiento.

El cuello, las muñecas y los tobillos son en él largos y finos. Por eso tiene siempre aire de príncipe. El talle muy fino y las caderas muy anchas, aunque sea hombre, si es mujer más. Piernas bonitas, con tendencia a tener cartucheras aunque esté delgado. Culo grande. Manos muy bonitas, finas, con dedos largos, las utiliza mucho cuando habla. Pies también con dedos largos.

En general es delgado, grácil, cara chiquita y huesos finos. Da aspecto de pesar menos de lo que pesa y cuando camina parece que flota. Le gusta vestir informalmente, pero elegante a su manera, un poco hippy, con tejidos muy naturales, crudos y siempre muy cómodos. Le gusta mucho vestir de negro, y en verano todo de blanco. Es atrevido y se adelanta siempre a la moda.

La voz del Reactivador es una voz rota, como la de Edith Piaf o Leonard Cohen, sale del corazón y se rompe en la garganta. Tiene gran fluidez verbal y un lenguaje bonito, cuajado de parábolas, que arrastra emocionalmente a los demás. Inventa palabras si no las encuentra. Una voz que llena espacios y se oye por lejos que estés.

Huele a sándalo, muy rico. Se podría permitir el lujo de no ducharse en una semana y no olería mal. El Reactivador tiene una piel suave y una carne viva. Es calentito en invierno y fresquito en verano.

Es un buen gourmet y un excelente cocinero de comida imaginativa, muy acertado en sus inventos culinarios. Si no puede innovar, prefiere no cocinar. No come mucho. No le gusta el azúcar, los dulces. Tampoco le gustan las sopas.

Es un amante inolvidable. Es el amante mágico, le encanta hacer el amor, las largas noches de amor. Música suave, luz tenue, es muy imaginativo. Le fascinan las expresiones sonoras de placer mientras lo hace, con eso sólo ya es capaz de llegar al orgasmo. Necesita estar enamorado para hacer el amor.

Personajes Reactivadores

Como dijimos, la mayoría de los toreros son Reactivadores, citemos como ejemplo a José Ortega Cano o Julio Aparicio.

También abundan los cantantes, como Julio Iglesias, Joan Manuel Serrat, José Luis Perales, Miguel Bosé, Frank Sinatra, Liza

Minelli o los citados Edith Piaf y Leonard Cohen. Actores, por ejemplo Carmen Maura, Maribel Verdú, Ana Belén, Victoria Abril, Ángela Molina, Ava Gadner, Audrey Hepburn, Elisabeth Taylor, Charles Chaplin o Kevin Costner. Y en general los artistas, muy especialmente pintores.

Escritores como Fiódor Dostoievski, Franz Kafka, Antonio Gala o Mario Vargas Llosa. Periodistas como Pedro J. Ramírez, políticos como Adolfo Suárez, Javier Arenas, Ángel Acebes o Eduardo Zaplana.

Y, aunque no destacan especialmente en los deportes, cuentan con ilustres representantes como Cinedine Zidane o Jorge Valdano.

Cómo es un Reactivador conectado

El Reactivador conectado da más y mejor amor que nunca. Su amor ya no se percibe nunca como invasor, pues siempre es auténtico y oportuno.

Además, el amor del Reactivador conectado es completo: da seguridad, da desarrollo, da justicia, da estatus y crecimiento, da pertenencia y lleva a la plenitud. Es inolvidable porque no hay nada igual.

Cuando se conecta, el Reactivador reencuentra su talento, que es la seguridad. Ahora es capaz de diagnosticar a los demás como nadie, captando su esencia y discriminando a la perfección hasta dónde puede llegar con cada uno.

Así que ya no trata a todo el mundo por igual, sino que sabe quien va a responder a su amor y quien no, actúa en consecuencia y ya no se lleva tantas desilusiones. De esta forma comienza a protegerse de las personas tóxicas, cosa que jamás hizo, y sabe igualmente proteger a los que ama. Es genial en esto.

El Reactivador conectado es extraordinariamente activo y movilizador. Y efectivo, lleva a cabo todo su trabajo en la mitad de tiempo que los demás. Es ideal para lanzar proyectos, pues crea equipo e ilusiona como nadie, y además tiene visión de futuro. Por eso es el Constructor pleno.

Es más feliz que nunca, y un hacedor de felicidad a su alrededor. Ahora sí que sabe disfrutar del amor que da y del que recibe de las personas que ha sabido elegir. Pasa todo el tiempo que puede con sus amados.

La espiritualidad del Reactivador conectado asombra al mundo, literalmente. Es más espiritual que nunca, y vive su relación con Dios con una naturalidad y una cercanía que maravillan.

El ejemplo vivo de todo lo dicho lo tengo en Preciada. Ella fue Reactivadora, vivió como Reactivadora conectada muchos años y finalmente, tras un largo proceso de crecimiento posterior, logró desembarazarse por completo de su tipología. Ahora es una persona libre por entero, que señala la medida de lo posible y demuestra que lo posible en el ser humano es infinito, pues ella sigue creciendo cada día.

Preciada siempre sabe qué decirte para ayudarte, y aunque no siempre sea agradable, es lo que necesitas. Nunca invade o se inmiscuye, pues su amor es auténtico, por eso se está tan bien a su lado. Sus diagnósticos son perfectos, encuentran todo lo bueno y lo malo de la persona. Las herramientas de diagnóstico que incorpora el MAT son una muestra de su genialidad en este punto, y hemos de estarle agradecidos por ellas, ¡y por el MAT al completo! Preciada es una persona sabia, con una sabiduría inmensa que sólo puede provenir de volar muy alto y ver las cosas con mayor perspectiva. Es la luz que todo lo aclara. Es un regalo del cielo que exista un persona así, un regalo que nos llena de alegría a los que la conocemos.

EL PROMOTOR

Emoción hinchada: **Alegría**
Emoción desconectada: **Amor**
Emoción prohibida: **Miedo**

Descripción general

El Promotor es una persona de acción y de éxito. Es la tipología mejor adaptada al mundo en el que vive, está encantada de vivir y de que todo sea como es. Es el amigo de todos, una persona siempre alegre, extrovertida, comunicadora, divertida, maravillosa. Al menos esa es la imagen que se esfuerza por transmitir; es el rey de las apariencias y se esfuerza muchísimo por aparecer sano, guapo, magnífico y de buen humor. Los trapos sucios los lava en casa, él solito. Si no está de primera, sencillamente no se deja ver.

El Promotor es como un niño grande, no sólo en su aspecto. Vive el presente como un niño y nunca se quiere perder nada, pues se divierte con todo, es el que más disfruta de la vida. También como un niño, siempre está tratando de acaparar la atención: él ha de ser el centro de toda reunión, si no ésta no le interesa. Para ello grita, se mueve agitado, cuenta chistes, corta la exposición de los otros, hace lo que sea. Invade el terreno y el tiempo de los demás, y cuando toma la palabra no la suelta. Termina molestando, pues hace perder mucho el tiempo, aunque él se vea con mil ideas en la cabeza que no puede dejar de expresar. De hecho es el más extrovertido, habla mucho, es abierto y te cuenta cosas íntimas a la mínima confianza que tenga.

Tenga la edad que tenga, se comporta como un joven: bebe, trasnocha, conduce a toda velocidad, rechaza los compromisos... tiene complejo de Peter Pan. Así que le horroriza envejecer y trata de evitar que su edad se note exteriormente. Es bastante irresponsable y quita siempre importancia a las cosas, como si todo diera lo mismo en el fondo. El Promotor está actuando constantemente para parecer estar mejor de lo que está, es una carrera sin fin que a él también le agota, pero está abocado a ella porque cree que sólo así va a conseguir el afecto que necesita.

Es indeciso en el amor y muy inconstante. Tiene que estar seduciendo todo el rato para sentirse seguro. Necesita imperiosamente sentirse aceptado, deseado, así que es un encantador de serpientes, pero con personas. Cuando intenta conquistar es pesadamente gracioso, insistente. Cuando se enamora siente un miedo obsesivo a que dejen de quererlo, por eso es muy celoso y sufre muchísimo. Luego es él quien antes se cansa de sus parejas, y el más infiel. Es típico del hombre Promotor buscar parejas mucho más jóvenes que él. Da gran importancia al sexo, más en cantidad que en calidad.

Pero en el fondo, el Promotor prefiere la ternura al sexo. Le encanta que sean cariñosos con él, le encantan las demostraciones emocionales, cuanto más intensas mejor, las ve pura vida. Lo que le gustaría es poder abandonar tanto ajetreo y estar con la gente que quiere en la intimidad del hogar, tranquila y distendidamente, pero no lo ve posible, no para él, no duraría, quedaría patente lo aburrido que es en realidad. El Promotor le tiene fobia a la soledad y a la introspección.

Es muy exitoso en los negocios, el más emprendedor, el más dinámico; es una persona de acción, no de reacción. Nadie le iguala a la hora de percibir la oportunidad de negocio que existe aquí y ahora. Por eso monta imperios rápidamente, actúa deprisa, aunque no siempre con todas las de la ley: se permite muchas trasgresiones —"el fin justifica los medios"— para ir aún más deprisa, es absolutamente creativo en esto. Es el máximo artífice de la cultura del pelotazo. Su creencia es que todo está en venta, así que compra lo que necesita y a quien necesita. Tiene tendencia a hacer promesas que luego no cumple; deja a medias sus proyectos y a menudo sus imperios resultan tener pies de barro. Todo lo hace buscando la admiración de los demás: le encanta codearse con personas importantes, dejar caer los nombres de todos los personajes que conoce —llegado el caso, aun sin conocerlos—, o lucir su nuevo y carísimo coche. Los demás han de adorarlo como la persona magnífica que es, y consentírselo todo.

Como siempre está procurándose admiración, el Promotor es muy manipulable por medio de la adulación. En cierta forma está pidiendo constantemente que le adules, y puedes llegar a sentirte mal si no lo haces. Él, por su parte, siempre que te vea te saludará efusivamente, halagándote y dando mucha importancia al encuentro, como si llevara meses esperándolo.

El Promotor es un vendedor nato. Genera simpatía, cae bien a la gente, y tiene gran habilidad para convencer por el entusiasmo que transmite y por su maestría con el lenguaje gestual, y también porque tiene una enorme intuición para percibir al que tiene enfrente y saber qué tiene que decirle para que compre. Es muy práctico y arrastra a la acción, es optimista por naturaleza e ilusiona a los demás con facilidad. En general es buen comunicador y, además, suele conocer a mucha gente, tiene muchos contactos y eso le facilita la labor comercial. El caso es que, sea o no como trabajo, siempre está vendiendo algo, ensalzando algo, en general a sí mismo, pero también todas las cosas que le entusiasman en ese momento: una película que le ha gustado, un restaurante que ha descubierto... te repite sus virtudes mil veces hasta que le prometes comprarlo o hacerlo tú también. Por eso es tan buena bisagra, tan buen difusor de nuevas ideas y productos. Y es que al Promotor todo lo nuevo le atrae, las novedades le encantan, siempre tiene que tener lo último de lo último.

Es temerario por naturaleza, no ve los peligros y además está orgulloso de ello: "El miedo es de cobardes", dice. Es el rey de los deportes de riesgo; también le encantan las películas de terror, la montaña rusa más alta y efectista, con caída libre y vuelta de 360 grados, todo lo que le haga 'segregar adrenalina', entonces 'se siente vivo'. Tiene que probarlo todo, especialmente lo prohibido y aún más lo peligroso. Muestra tendencia a conducir a toda velocidad, a beber demasiado, en general a llevar una vida un poco inconsciente.

Le gusta hacer cosas siempre nuevas, odia la rutina y los hábitos de cualquier tipo. Es muy creativo y está innovando todo el rato: en la cocina, en la decoración de la casa, en lo que sea. También le encanta bailar y salir a divertirse; cuando lo hace es siempre el último en retirarse y anima el ambiente incansablemente. Es un magnífico anfitrión, de estilo muy activo, un showman, y tiene gran poder de convocatoria para sus invitaciones, pues siempre resultan especiales y divertidas. Le gusta mucho preparar sorpresas, todo lo imprevisto.

El arte le fascina, en especial el de vanguardia. Ser artista es su vocación frustrada, así que al menos trata de vivir el ambiente, de tener amigos artistas y de comprar sus obras para exhibirlas en su salón o en su despacho. Cuida mucho de su entorno físico, le gusta tenerlo precioso y lleno de cosas especiales que muestra con deleite a sus invitados.

Es muy visionario y mágico, cree en lo paranormal y en toda suerte de chamanes, hechiceros, videntes, etc. Muy supersticioso, el azar tiene gran importancia para él, siempre parece estar esperando algo llovido del cielo que lo cambie todo —un pelotazo—. Como le gusta experimentarlo todo, le encanta picotear en prácticas exóticas de todo tipo: yoga, meditación, otras religiones, alimentación macrobiótica, todo lo esotérico lo tiene que conocer y probar. También suele ser creyente y muy espiritual, vive a Dios de forma personal.

La Alegría como emoción hinchada

El Promotor siempre se está riendo, siempre está alegre, no para de moverse y de derrochar energía. Siente una gran alegría casi de continuo, una alegría incondicionada que no depende de estímulos externos, o más bien cualquiera le vale: está alegre porque luce el sol, porque ha dormido bien, porque ya es viernes... en definitiva, porque está vivo. De nuevo, en esto también se parece mucho a un niño, se entusiasma con todo —por eso es tan emprendedor— y no se quiere perder nada. Cuando pierde la alegría, lo vive como algo tremendo, para él la alegría es un sentimiento divino, en ella y por ella la vida merece la pena. Jamás ha creído que tener esta emoción hinchada constituya un problema para él, todo lo contrario.

Sin embargo, muchas veces es un entusiasmo de opereta, de payaso bajo cuya pintura hay un ser sufriente; tiene la careta de la alegría puesta, pero por dentro no es tan feliz.

El Amor como emoción desconectada

El Promotor es muy desconfiado con el amor. Tiene una fijación amorosa con su madre —la Promotora con su padre—, pero no cree en el amor de pareja, ni en el amor en general. Cree que esconde alguna intención oculta, interesada. Le ocurre algo parecido con la amistad, siempre dice: "si me ponen una mano en el hombro, ya pienso que van a meter la otra en la cartera". Hay que tener cuidado si le vas a hacer un regalo o tener un detalle con él, pensará que le estás sobornando y que le vas a pedir algo mayor a cambio.

Cuando alguien le demuestra amor, se porta mal con él para ponerlo a prueba, y la mayoría de las veces se lo hace pasar tan mal que el otro le abandona. Y entonces él se refirma en su creencia de que el amor es imposible.

El Miedo como emoción prohibida

El Promotor no siente miedo casi nunca, los peligros cotidianos ni los ve. Sólo en ocasiones especiales, con peligros enormes y evidentes, lo siente. Y las recuerda toda la vida, las cuenta en todos sus detalles, con tintes épicos, como algo muy especial para él, donde actuó en general de forma brillante. Cuando lo siente, el miedo no le paraliza, ni le agobia, al contrario, le hace concentrar toda su atención y utilizar toda su intuición para salir airoso y evitar los posibles males.

Como no ve los peligros cotidianos, se los traga todos y corre muchos más riesgos de los necesarios. Busca —y le buscan— los trabajos donde hay que arriesgar, como agente de Bolsa por ejemplo; donde otros se agobian, él disfruta. Como es tan mágico, siente que está protegido por algo especial que evitará que le pase nada malo. Ve a los demás con miedo y se ríe, también aquí cree que su falta de miedo es un don. Lógicamente, tampoco ve el daño que él puede causar, no se pone límites y avasalla a los demás, no respeta los espacios ajenos. Luego no entiende por qué la gente toma precauciones con él.

El Drama Existencial del Promotor: **Cheque de goma**

El 'Cheque de goma' consiste en prometer y no cumplir, o, más bien, en prometer y luego actuar como si nunca hubiera existido una promesa. El que recibe la promesa a veces se queda pensando: "¿lo entendería yo mal?". Pero no, no lo entendió mal, seguro que el Promotor se lo prometió, lo hace constantemente para quedar bien, para demostrar que conoce gente y tiene recursos, para ganarse el afecto del otro en ese momento. Luego se olvida, y si no da igual, el esfuerzo de cumplir ya no le merece la pena, ¿qué va a sacar a cambio?

Creencias existenciales del Promotor

✓ **"Nadie puede amar como yo"**

El Promotor a veces siente que podría amar como nadie, pero los demás no aman así, no son leales, por eso cuando se enamora teme tanto perder al amado, porque no se fía. Y entonces decide que el precio es demasiado alto y que no lo pagará, así pues él tampoco amará.

✓ **"El mundo es una jungla"**

El Promotor piensa que todo el mundo va a lo suyo, todo se mueve por interés, todo se compra y se vende. El que está con él o le ofrece amistad es porque le quiere sacar algo. Y decide que si es así, si todo vale con tal de conseguir lo que se persigue, él participará encantado en la jungla, y además será el más listo, el que mejor se salte las reglas, y ganará a los demás. Tiene la mejor de las armas: la seducción.

Cómo reconocer a un Promotor

La forma que domina en el Promotor es el círculo, es redondo en todo. Tiene una cara redonda que es su cara de bebé, la conserva toda la vida. El pelo es ensortijado o como mínimo ondulado, fino, bastante abundante. Tiene la frente abombada de un bebé. Cejas arqueadas que levanta para seducir. Sus ojos son redondos y muy abiertos, la nariz pequeña y más bien respingona.

La boca del Promotor es característica: una pequeña boquita de piñón que dan ganas de besar, redondita y jugosita, con los labios hacia fuera, el inferior gordezuelo. Inexplicablemente, de una boca tan pequeña surge una sonrisa enorme, de oreja a oreja. Dientes perfectos, blancos y alineados. El Promotor sonríe todo el tiempo y muestra en su cara adorables hoyuelos de bebé.

Todo es redondo en su cuerpo: los hombros, los brazos, las manos —más bien pequeñas—... todo de bebé. Los pies también son pequeñitos. El cuello suele ser corto.

Anda como un niño pequeño, dando zancadas pequeñas y rápidas, echado para delante, parece que se va a caer en cualquier momento.

El Promotor es muy lanzado vistiendo, el más atrevido, siempre va a la última, incluso él crea la moda innovando y mezclando. Es muy consumista, compra y tira.

La voz del Promotor es destemplada: o grita demasiado o no se oye. Es descontrolada y puede llegar a ser chillona. Parece de alguien que esté en la adolescencia. Habla siempre más de la cuenta, hay que frenarlo porque apabulla. Utiliza un lenguaje muy emocional y poco conceptual.

Huele a bebé, conserva también el olor de cuando fue bebé. Es un olor que se descompone rápido, y tiene que cuidar su higiene. Adora los baños con sales, esencias... cuida mucho su higiene en plan voluptuoso, el baño es un ceremonial para él.

Cuando lo tocas, tocas un bebé. Redondito, suavecito, jugosito, apetece pellizcarle. No blando, más bien prieto. La piel muy suave, tiene siempre un cutis precioso. Como a él le encanta que le toquen, el Promotor toca a todo el mundo a la menor ocasión.

En cuanto a comida, el Promotor es una amenaza gastronómica; está innovando todo el tiempo y mezcla cosas incompatibles (por ejemplo, mero con fresa). "Si no sale bien, inventaré otra cosa", piensa. Suya es la nueva cocina: le gusta imaginativa, cuidando mucho la presentación, la decoración, los colores...

Es la más sexual de todas las tipologías. Va con el sexo por delante: ve a una persona y lo primero que piensa es cómo será en la cama, y si será seducible o no. Siempre está seduciendo, muy incendiario y provocativo. Le gusta hacer el amor muy a menudo, a cualquier hora y en cualquier situación.

Personajes Promotores

Entre las personas de esta tipología es común encontrar artistas de todo tipo. Cantantes como Luciano Pavarotti, Raphael, Rocío Jurado, Bertín Osborne, David Bisbal o Chenoa (ambos de O.T.), artistas de cine como Lina Morgan, Ana García Obregón, Leonardo Di Caprio, Melanie Griffith, Brad Pitt, Gérard Depardieu, Roberto Benigni, Marilyn Monroe, Marlon Brando, Clark Gable u Orson Welles. Televisivos como Boris Izaguirre y deportistas como Fernando Alonso o José Antonio Camacho.

Hay también muchos políticos, como Felipe González, Francisco Álvarez Cascos, Jordi Pujol, Carlos Menem, Bill Clinton o Boris Yeltsin. Empresarios como Jesús Polanco o Jesús Gil. Y grandes líderes espirituales como el Dalai Lama.

Cómo es un Promotor conectado

El Promotor conectado es alguien muy distinto a la descripción que acabamos de ver. Se ha dado cuenta de que vivir de y para las apariencias no tiene sentido ni lleva a ningún lado. Aprende a valorar lo auténtico y verdadero en todo, antes de nada en sí mismo. Renuncia a la euforia de la alegría hinchada en favor de la paz de la alegría auténtica, comunica mejor que nunca y tiene más amigos que nunca, porque el mensaje de la verdad es invencible. Tiene la sabiduría de quien, después de haber conocido mucho y de haber probado mucho, ha encontrado por fin su camino. Así se convierte en el Revelador pleno de todo lo que pueda hacer avanzar a la Humanidad.

Como el Promotor conectado, nadie sabe darse, nadie sabe amar, porque rebosa amor y da de lo que tiene en abundancia. Ya no le importa si los demás van a estar a la altura o no, él ama, espera la reacción y actúa en consecuencia. Ya no se tortura con celos, confía en los demás porque ha comprobado que el mundo no es la jungla que él imaginaba para justificar sus desmanes, y que todo el secreto consiste en elegir bien a las personas. El amor es el talento del Promotor conectado, puede dar lecciones de amor a todas las tipologías.

Cuando está conectado, el Promotor aprende también a pararse: teme avasallar, repliega velas y respeta el espacio de los demás. Comprende que no ver los peligros no es un don de Dios, sino una grave carencia que él ha tenido. Empieza a protegerse, a ir más despacio para poder diagnosticar las situaciones y decidir si convienen o no, y lo mismo con las personas.

Odia la mentira y la manipulación, jamás promete en falso y respeta el espacio y el tiempo de cada uno. Empieza a escuchar más, a valorar el silencio y la soledad como oportunidad de conocerse mejor. Valora la seguridad y aprende a ver en ella y en la armonía una conexión con algo más alto.

Es una persona verdaderamente espiritual y religiosa, se olvida de sus inclinaciones mágicas y esotéricas y se queda con la esencia de sus descubrimientos, la luz que nadie como él sabrá portar y difundir.

PASOS HACIA LA CONEXIÓN

Por encima de todo, el objetivo del MAT es la transformación de las personas; es la herramienta más poderosa que existe en ese sentido. La gran utilidad de conocer nuestra tipología es ubicar perfectamente el punto de partida, la maravilla del MAT es entonces la facilidad con que nos permite salir de esa prisión.

Ahora que hemos visto las seis tipologías, tanto en las características propias de su desconexión —lo que el MAT llama su MAPA—, como una vez superadas éstas mediante la conexión, vamos a tratar de dar un bosquejo de la senda de esta conexión, qué pasos han de darse para dejar atrás las ataduras de cada tipología.

De modo general, para lograr la conexión hay que dar tres pasos, en este orden:

1. **Redimensionar** la *emoción hinchada*.

   La emoción hinchada surge en muchas ocasiones de forma falsa, es decir, cuando no se está ante un estímulo adecuado para ella. En especial —aunque no sólo— aparece sustituyendo a la emoción desconectada y a la prohibida. Vigilar esta emoción es fundamental, tenemos que tomar conciencia de cuándo surge y analizar si la causa es auténtica; si es así no hay problema, si no, hay que pasar a la emoción verdadera, la que debe surgir ante el estímulo del momento. Importante aquí es también vigilar nuestras caídas en el Drama Existencial, para eliminarlo de raíz. De esta forma lograremos afincar nuestra verdadera *competencia*.

2. **Conectar** la *emoción desconectada.*

Mientras estamos desconectados, solemos desviar esta emoción a la rabia, así pues una forma de detectar que *deberíamos* sentir la emoción desconectada es vigilar nuestra rabia. Es decir, cuando sintamos rabia pararnos y analizar si hay una injusticia o, en realidad, hay un estímulo auténtico para nuestra emoción desconectada. Si es así, permitámonos su uso; poco a poco los resultados serán maravillosos pues es nuestro mejor punto. Hay que lanzarse a la piscina, al principio no veremos muy claro si tiene agua, en breve comprobaremos que todo nos va mejor. Así recuperamos nuestro verdadero *talento*.

3. **Acceder plenamente** a la *emoción prohibida.*

Volcarnos en esta emoción, tratando de estar en ella el

mayor tiempo posible, profundizando en ella, conociendo bien cuándo sentirla y qué hacer entonces. Para ello, debemos vigilar el miedo y verificar si es auténtico o si obedece a estímulos para nuestra emoción prohibida y se 'cuela' como fobia a ésta. Cuando lo consigamos, nos sentiremos plenos y accederemos a nuestra verdadera *vocación*.

El orden de los pasos es importante, pues cada uno posibilita el siguiente. En especial, es fundamental conectar la emoción desconectada antes de intentar acceder a la prohibida.

A continuación vamos a describir en detalle estos pasos para cada tipología. Es esencial en este punto que el lector se haya ubicado claramente en su tipología, para poder experimentar este proceso en primera persona. Lo normal es que todo el mundo se ubique con las descripciones facilitadas, por sí mismo o con la ayuda de personas cercanas —la percepción externa complementa la propia—. En el caso de que no sea así, MAT-Cachet, a través de la página amiga Divulgación MAT (www.divulgacionmat.com), puede proporcionar la tipología de una persona a partir de una fotografía de su rostro.

CONSEJOS PARA EL FORTIFICADOR

1. **Redimensionar** el *Miedo.*

Siempre que sientas miedo —si es fuerte lo notarás en el estómago o como un peso en el pecho, si no simplemente te notarás nervioso—, párate y pregúntate *dónde está el peligro.* Si no lo encuentras, no hay razón alguna para tener miedo, salte de ahí. Piensa, a la vista de las circunstancias del momento, en qué otra emoción deberías estar (podrás constatar que las más veces es rabia) y ve directamente a ella. Empieza con las ocasiones de miedo fuerte, pero a medida que domines ésas ve bajando en la intensidad. Haz lo mismo siempre que notes que no te atreves a hacer algo, que te intimida, que te gustaría hacerlo pero te da no sé qué.

Ten especial cuidado con tu Drama Existencial, el *'Si no fuera por...'* Cuando detectes que demoras algo con cualquier excusa, cuando tengas decidido hacer algo y, al llegar el momento, pienses que sería mejor posponerlo hasta la tarde, o hasta el día siguiente, o hasta conocer tal cosa, date cuenta de que has caído en el Drama para no arriesgarte a estropear algo o tener que asumir que ya está estropeado. Algo te intimida y prefieres no verlo. Sé franco contigo y *actúa*, verás qué bien te va.

2. **Conectar** la *Rabia.*

Tu miedo está actuando sin razón en muchas ocasiones, pero especialmente en situaciones de rabia auténtica —de injusticias—, en las que no te atreves a reaccionar. Sin embargo sí notas la rabia, te quema por dentro, y sabes lo que deberías hacer, sólo tienes que hacerlo. Recuerda que la rabia auténtica reacciona contra las mentiras, manipulaciones e injusticias en tiempo real, según las detecta. Acostúmbrate a sacar rabia en el momento, de lo contrario no lo harás. Y que sea de verdad, nunca hinchada, nunca con malos modos o contra inocentes, simplemente di ASÍ NO y recházalo. Por ejemplo, cuando te propongan un plan que no te gusta, o no te apetece en ese momento, di que no quieres. No pasa nada, te sentirás más libre.

Una vez conectada, la rabia es el mejor punto del Fortificador, es buenísimo en eso. Acostúmbrate a fiarte siempre de tu rabia, siempre que surge es porque hay una injusticia y es preciso reaccionar. De otro modo estarás siempre congelado en la culpa.

3. **Acceder** a la *Tristeza*.

Cuando te sientas mal, con mariposeo de miedo en el estómago, mira a ver si no se trata de una pérdida —por ejemplo, un problema que ha surgido, un inconveniente de cualquier tipo— o de la anticipación de una. Si es así, tienes que asumirla como lo que es, sentir tristeza y ponerte a analizar la situación y buscar opciones —cosas que hacer— para solucionarlo. Y no demores las acciones, lo que se te ocurra hazlo de inmediato. No tienes que sentir miedo ante una pérdida, pues eso te paraliza y no resuelves el problema. Encima luego sentirás culpa por no haber hecho lo que tenías que hacer. Y, de remate, te hará engordar.

No olvides que la tristeza, aclarar las cosas y salir de los problemas, es tu vocación, y por lo tanto lo vives como algo muy especial, que trasciende su significado inmediato. Invierte constantemente en tu DESARROLLO, dedica tiempo a hacer cosas concretas para ser mejor, para saber más, para entender cada vez más tu vida.

CONSEJOS PARA EL CONSTRUCTOR

1. **Redimensionar** la *Tristeza*.

   Antes de nada, párate a pensar por qué estás triste sin motivo. Te levantas por la mañana, hace sol, entra fresco por la ventana, y, en lugar de sonreír, te sientes plano y te *abrumas* ante el día que te espera. Esa tristeza perenne es producto básicamente de dos cosas: creer que en el fondo nada puede cambiar y entrar en tu Drama Existencial de *Abrumado*. Párate y sonríe. No necesitas un motivo especial. Toma aire fresco y repítete lo que decía Serrat: "Hoy puede ser un gran día".

   Normalmente caes en la tristeza cuando deberías sentir orgullo: ante un reto, ante una novedad. Vuelve a pararte. Necesitas pararte con frecuencia y dejar de pensar en todas las cosas que tienes que hacer. Muchas de ellas te las impones tú mismo. ¿Por qué crees que *los demás* no te tomarán en serio si dejas de trabajar frenéticamente? ¿Quién te obliga a hacer todo lo que piensas que tienes que hacer? Nadie. Métetelo en la cabeza. Es una simple falta de orgullo, empezando por el orgullo hacia ti mismo. *Tú no dependes de los demás para ser tú mismo.* Cambia de hábitos, deja de programarte todo y de no soportar no cumplir tu plan. ¡Manda tu plan a freír gárgaras!

2. **Conectar** el *Orgullo*.

El orgullo no es prepotencia, no es *envidia sana.* El orgullo es admirar lo admirable, crecer y crear. Tienes que empezar por admirar lo bueno, lo grande, lo genial. Y a esto no estás acostumbrado. Piensas que los genios son unos chiflados o han sido tocados por una varita mágica y, claro, así cualquiera. Tienes que empezar a pensar que los grandes músicos, pintores, pensadores... son personas más crecidas que tú y de las que puedes aprender muchísimo. Tienes que empezar a admirar sus obras sin utilizar sólo el SINTETIZADOR, dejándote llevar, intentando percibir *algo* por otro sitio que no sea la vista y el oído. Párate ante un cuadro genial, o escucha una buena sinfonía y concéntrate en tu paladar, largamente. ¿A qué sabe? Aficiónate al arte, vuelve a leer novelas con la devoción con que leías de niño, y olvida por una temporada leer para saber más de tu profesión, para estar más preparado. En eso ya estás preparado, en lo otro estás en pañales.

El segundo paso es dedicarte a la creación, sin complejos, sin restricciones, sólo porque te gusta, te llena y lo haces muy bien. Pinta, escribe, cocina. Recuerda que es tu talento, en lo que más destacas. Y no te deprimas si tu pareja, tu padre, tu madre o tu mejor amigo dicen que te has vuelto un chiflado, y menos aún si ningunean lo que has creado. *A mí me gusta y eso me basta.*

4. **Acceder** a la *Rabia.*

La rabia te da miedo. Y te da miedo justificadamente, ya que sólo la sientes muy de vez en cuando como una explosión iracunda que *siempre*, a posteriori, te parece que no venía a cuento y que te pasaste de la raya. Así que relacionas la rabia con la locura y huyes de ella como de la peste. Pero esa rabia es falsa, no lo dudes. En lugar de exponer tu punto de vista desde el orgullo, te sentiste atacado por los argumentos de los demás y explotaste. Esa no es la rabia auténtica. La rabia auténtica es decir, con tranquilidad, ASÍ NO siempre que veas una injusticia, un intento de manipulación. No es fácil hacerlo ya que estás acostumbrado a ejercer de avestruz ante cualquier injusticia. Primero, no la ves. Segundo, si la ves la justificas. Y tercero, si no te dejan justificarla cambias de tema a la velocidad del rayo. Si no te permiten cambiar de tema, finalmente acabas enfurecido con quien osó hacerte ver la injusticia. ¡Qué pesadilla!

Pero una vez que has conectado el orgullo, va a ser mucho más fácil. Simplemente, desde ese orgullo auténtico, confronta con tranquilidad al injusto y al manipulador. Con calma pero con firmeza: "Eso que me estás intentando hacer no lo voy a tolerar. Las cosas no son así...". Te vas a sorprender de *cómo* lo que creías que te iba a dar problemas, te los resuelve. De *cómo*, al actuar con esa naturalidad en la rabia, pones las cosas en su sitio con enorme facilidad. Será como si te hubieses quitado un peso de encima. Lo que antes te aterraba y no hacías, y por tanto te sentías apocado y tonto, ahora te sale de forma natural y te lo hace pasar en grande: 'Así no, así sí' es la letra de una música llena de vitalidad y alegría para cualquier Constructor. Es tu *vocación*.

CONSEJOS PARA EL REVELADOR

1. **Redimensionar** la *Rabia.*

No eres la única persona justa del mundo, así que vigila tu rabia. Cuando surja, cuando sientas que tu sangre hierve, serénate y no reacciones antes de analizar la situación y asegurarte de que realmente existe una injusticia y no, por ejemplo, una pérdida —un problema, algo que no te gusta— o un motivo de orgullo —algo bueno que ha hecho o conseguido alguien—. Si identificas la injusticia saca rabia auténtica —nunca colérica— y exclusivamente contra el que la cometió. Si la injusticia no aparece, la rabia no tiene razón de ser. Toma conciencia de esto y aplácala hasta que desaparezca. Ve a la emoción auténtica que toca en ese momento. Al principio te costará, luego cada vez menos.

Evita por todos los medios el 'Sí, pero...'. Si lo haces sin querer dile a la gente que te rodea que te avise en cuanto te salga, así te acostumbrarás a no patear lo que dicen los demás y a expresar tus opiniones por sí mismas, no como contrapunto a la opinión de otro.

2. **Conectar** la *Tristeza.*

Permítete ser sensible —lo llevas dentro— y compadecerte de los problemas de los demás. En primer lugar son pérdidas, y no injusticias. Cuando veas uno o te lo cuenten, sencillamente piensa qué podrías hacer para solucionarlo, para aliviar ese problema concreto que tienes delante, sólo después puedes pensar en qué habría que hacer para que no vuelva a ocurrir.

Actúa de igual forma con tus problemas, no busques culpables en primera instancia —ni te culpes a ti mismo—, busca soluciones. Para eso, acostúmbrate a pararte y analizarlos, a buscar opciones de actuación, sopesarlas y elegir la mejor. Fíate siempre de lo que te diga tu inteligencia: es tu *talento*, no hay nadie como tú en eso.

3. **Acceder** al *Orgullo*.

En tu fuero interno sabes lo mucho que vales. No dejes que tus propios pensamientos descalificadores te hagan ocultarte. Si muestras tus ideas y creaciones no generarás envidia, no entre las personas que te han de importar, sino que te estarán agradecidas por tu aportación. Permítete expresar tus opiniones con claridad y rotundidad, sin rodeos ni justificaciones, ganarás mucho en facilidad de comunicación y te sentirás más tú.

Intenta también no ser tan vulnerable a comentarios o actitudes que, a primera vista, tomas por una desautorización. En primer lugar cerciórate de que lo sean, comprobarás que en muchas ocasiones no es el caso. Y, aunque lo sea, relativiza su importancia, pues la opinión de otro no tiene más valor que la tuya, ni en realidad su descalificación afecta a la validez de tu aportación. Si no la ve, él se lo pierde.

Ten presente que la creación y el crecimiento son tu *vocación*. Dales una y mil oportunidades pues al final descubrirás que es a lo que siempre has querido, aun sin saberlo, dedicar tu vida y tu tiempo. Ponte metas concretas e invierte el tiempo necesario, te será devuelto con creces en forma de verdadera plenitud.

CONSEJOS PARA EL LEGISLADOR

1. **Redimensionar** el *Orgullo*.

Desengáñate, no eres perfecto en todo ni has sido elegido en primera persona por los dioses para heredar sus atributos. Combate esa creencia que no es sino orgullo hinchado. El orgullo hinchado se te muestra como descalificación de los demás, sintiéndote tú por encima: "¡Qué mal se explica esta persona! ¡A ver cuándo puedo hablar yo!". Rechaza estos pensamientos de plano y date cuenta de que, en realidad, deberías estar escuchando a los demás y aprendiendo de lo que dicen. Descubrirás que hay muchos motivos de admiración, que puedes mejorar y crecer mucho con su ayuda. Así pues, cuando pienses que eres mucho mejor que otro, ponte como reto inmediato el descubrir qué tiene esa persona de bueno, en qué sobresale, no pares hasta encontrarlo.

No luches por tener siempre la razón, no entres en pulsos, da tu opinión y respeta la de otros. Tener que quedar siempre de pie te hace odioso y te aleja de los demás. En el mismo sentido, no trates de imponer a los demás lo que han de hacer, acostúmbrate a pensar que ellos tienen un criterio igual de bueno que el tuyo.

Esfuérzate por no caer en tu Drama de *Defecto*. No intentes que todo sea perfecto, no lo es ni falta que hace. Cuando las descalificaciones lleguen en tropel a tu cabeza, ponte positivo e intenta darles la vuelta, mirando el lado bueno o, en todo caso, relativiza el peso que tienen en la situación general. Sé consciente de que esos defectos, a los que los demás no dan importancia, te impiden disfrutar del momento.

2. **Conectar** la *Alegría*.

Ante una ocasión de disfrutar, por ejemplo una celebración, sigue tu primer impulso de alegría, déjate llevar. Cuando te lleguen argumentos en contra, recordándote lo irresponsable que eres, con tanto por hacer, recházalos. Verás que la alegría te acerca a los demás, que hace crecer cualquier relación. Además comprobarás que es tu *talento* y que eres genial en esto.

Y nunca te sientas culpable de haber estado alegre, olvídate de tu costumbre de buscar posteriormente en qué falló la celebración y por qué no fue perfecta.

3. **Acceder** al *Amor*.

Una vez que hayas redimensionado tu orgullo y te permitas la alegría, te sentirás mucho más cerca de los demás y no te será tan difícil darte sin reservas. Es importante aquí que desactives el radar interno que te dice, cada vez que te acercas a alguien, todos los peligros que hay y todas las cosas que pueden ir mal. Recházalo de verdad, si no te dedicarás a hacer pasar pruebas de amor sin fin a quien te gusta, hasta que no pueda más y te deje.

Nunca olvides que el amor es tu *vocación*, darte a los demás es lo que te va a proporcionar el mayor grado de felicidad. Piensa esto por encima de cómo van a reaccionar los demás, si te van a entender o no. Pronto descubrirás quiénes sí te comprenden y te merecen, verás que cuanto más te das a ellos, más feliz eres.

CONSEJOS PARA EL REACTIVADOR

1. **Redimensionar** el *Amor*.

   Cada vez que sientas amor compulsivo y salvador, cada vez que te veas pensando "esta persona me necesita", asegúrate, lo primero, de que no existe en realidad una causa de miedo. Hazte unas cuantas preguntas: ¿Por qué me necesita tanto? ¿No puede solucionar sus propios problemas? ¿Lo intenta al menos? ¿Busca o desea mi ayuda sinceramente? ¿O sólo trata de aprovecharse de lo bueno que soy para sacar algo y después traicionarme como me han hecho tantas veces? Si es así, debería darte miedo, pues representa un peligro para tu integridad y tu bienestar, y deberías alejarte en vez precisamente de entregarte. No cargues con la obligación de ayudar y consolar a todo el mundo, especialmente a los que nadie quiere "si no estoy yo con él, ¿quién va a estar?" Al menos pregúntate por qué ocurre eso, ya que la gente, como tú sabes, no actúa mal por sistema.

   Sal de tu Drama Existencial de *Sólo trato de ayudar* en cuanto te veas en él. No intentes imponer tu ayuda, date cuenta de que puedes estar invadiendo al otro, y entonces es lógico que reaccione apartándose de ti.

2. **Conectar** el *Miedo*.

Cuando sientas rabia histérica y pienses: "tengo que decirle a este cuatro verdades ahora mismo", ¿no deberías sentir miedo? Mide las consecuencias en estos casos en vez de lanzarte a pecho descubierto. De igual forma, cada vez que sientas irritación, inconformismo, sensación de no estar bien acompañada de rabia genérica y difusa, se debe a que existe una amenaza, un miedo que no ves y transformas en rabia. Esfuérzate por localizar el peligro, por encontrar *dónde* está. Cuando lo ubiques no tendrás ningún problema para neutralizarlo y saldrás de ese molesto estado.

En general, acostúmbrate a diagnosticar cada persona o situación que encuentres, determinando qué hay en ellos que funcione bien —a lo que te puedes entregar— y qué funciona mal —y de esto te tienes que precaver—. Recuerda que el miedo es tu *talento*, eres genial diagnosticando cuando te pones, cuando te lo permites.

3. **Acceder** a la *Alegría*.

Una vez que has redimensionado tu amor y conectado tu miedo, tienes la alegría auténtica a tu alcance, ya que sabes perfectamente a quién y a qué te debes entregar, y eso automáticamente te llevará a disfrutar. Tienes todo el derecho del mundo a disfrutar de las personas y cosas que amas, tú más que nadie. Dátelo y no te culpabilices nunca de ello. Rechaza el pensamiento, que tienes cuando eres feliz, de que eso va a traer alguna desgracia. O el miedo a perder algo maravilloso cuando lo tienes.

Cuando te atraiga alguien y tengas miedo de tú no gustarle, estate seguro de que lo que toca es alegría y lánzate, da el paso y pronto lo estarás celebrando.

Como sabes, la alegría es tu *vocación*, nunca dejes de profundizar en descubrir qué te lleva a la PLENITUD verdadera, y abócate a ello como tu máxima prioridad.

CONSEJOS PARA EL PROMOTOR

1. **Redimensionar** la *Alegría*.

   Lo primero que has de asumir es que no siempre tienes que estar alegre y animado para que los demás te acepten, es mucho más importante que seas tú mismo, con tus días buenos y otros malos. La tristeza es tan natural y humana como la alegría, y lo mismo las demás emociones; el que las muestra todas —cada una en su momento— es percibido como más auténtico.

   Cuando estés eufórico y sientas que todo te va bien porque eres infalible e invencible, ten mucho cuidado de no avasallar ni violar ningún derecho de nadie. No todo te está permitido en aras de tus gloriosos fines. Mira también atentamente, al sentir esa alegría hinchada, que no haya una causa de amor que transformas en alegría. Las muestras de amor de los demás hay que corresponderlas, no son gratuitas; de lo contrario estás utilizando a los que te aman, ellos se darán cuenta y pronto te quedarás solo y tendrás que volver a empezar cada poco tiempo, una y otra vez.

   Las apariencias son mucho menos importantes que el fondo. Cumple siempre la palabra que das; tómale fobia a tu Drama Existencial: *El cheque de goma*. No merece la pena, por un instante de protagonismo vas a echar a perder tus amistades y tu reputación. Si dudas de poder cumplir, no lo asegures. Haz favores en vez de prometer favores.

2. **Conectar** el *Amor.*

Devuelve amor a quien te da amor. No sirve el dejarse querer, en el amor tienes que ser activo y sincero. Desecha la idea de que el amor es mentira, que tiene un origen espurio —te quieren por lo divertido que eres, por tu dinero, por tu posición— o que te van a manipular con él para quedarse con algo tuyo. Una vez más, olvídate de las apariencias y busca la pureza y la lindeza interior de las personas, la verás en sus ojos y en sus acciones.

El hecho de que tu capacidad de amar sea enorme —no olvides que es tu *talento*— no te da derecho a dudar del amor de los demás. El amor ha de empezar por la confianza: confía, entrégate y no hagas pasar pruebas y más pruebas. Y rechaza los celos que te devoran.

3. **Acceder** al *Miedo.*

Una vez que hayas conectado el amor te será mucho más sencillo darte cuenta de que has de respetar a los que te rodean, su espacio, su tiempo, su intimidad. Estate muy atento a no invadir, párate en seco en cuanto te des cuenta o te lo hagan notar. Acostúmbrate a prever las consecuencias que pueden tener tus acciones, tanto para ti como para los demás. Asegúrate de que no hay peligros que estés pasando por alto. Date cuenta de que ser valiente no es despreciar los riesgos, sino conocerlos, tenerlos en cuenta y actuar para neutralizarlos.

Recuerda que la SEGURIDAD es tu *vocación*, ir despacio, diagnosticando las situaciones, te permite generar armonía en tu entorno, preservando el espacio de cada cual empezando por ti. Invierte todo lo que puedas en conocerte a fondo, y en conocer a los demás. En serio, huyendo de métodos mágicos fulgurantes.

CONCLUSIÓN

Queridos lectores, espero mediante este libro haber conectado con vuestros deseos y esperanzas de una vida más plena, y haberos hecho al menos vislumbrar la potencia e importancia del MAT y todo lo que os puede aportar. Como indiqué en la introducción, el contenido del libro no representa sino una pequeña presentación de esta extensa y profunda ciencia.

De nuevo os animo a todos a visitar la página de MAT-Cachet en Internet (www.mat-cachet.com), donde podréis encontrar los libros de Preciada, indispensables para quienes queráis profundizar en el MAT, junto a publicaciones de otros autores, información sobre los seminarios que imparte —totalmente orientados a la transformación de los asistentes— y sobre todas sus actividades.

Muchas gracias a todos, gracias de nuevo a Preciada, y ojalá que cada día seamos capaces de vivir un poco más la vida para la que fuimos creados.